Karen A. Anderson

Tierbotschaften aus dem Jenseits

Übersetzt von Johanna Ellsworth

Reichel Verlag

1. Auflage 2021
2. Auflage © 2024 Reichel Verlag

93055 Regensburg
E-Mail: mail@reichel-verlag.de
www.reichel-verlag.de

Cover-Gestaltung: Christian Wolf – www.artworkersdesign.de Bildnachweis
© Skorzewiak – 123rf.com
© Viacheslav Nemyrivskyi – 123rf.com
© Volodymyr Melnyk -123rf.com
© khunaspix – 123rf.com

ISBN 978-3-946959-74-8

Für meine große Liebe
Danny R.

Widmung

Dieses Buch ist den Menschen gewidmet, die den Schmerz und die überwältigende Trauer durchleiden mussten, die der Abschied von einem geliebten Vierbeiner mit sich bringt.
Und dieses Buch ist auch allen Tieren auf der Erde und im Jenseits gewidmet, die uns geliebt haben und unser Leben so bereichert haben.

Danksagungen

Es gibt viele wunderbare Menschen, bei denen ich mich für ihre Liebe und Unterstützung während der Entstehung dieses Buches bedanken möchte. Das Buch wäre ohne das Feedback und die wertvollen Einsichten all derjenigen, die mir geholfen haben, nicht das geworden, was es heute ist. Ich bin euch allen sehr dankbar.

An meine Mutter Ursula Wassner: Ich liebe dich von ganzem Herzen. Du bist meine beste Freundin und ich habe das große Glück, eine so tolle Mutter zu haben. Meine tiefe Dankbarkeit für deine Liebe und Unterstützung in all den Jahren und während des Schreibens dieses Buches lassen sich nicht in Worte fassen. Danke, dass du mich meine Gaben ausleben lässt, auch wenn sie vielleicht ungewöhnlich sind. Denn durch deine Liebe kann ich mein Leben voll ausschöpfen. Ich werde dich immer lieben.

An Onkel Dave und Tante Renate Michaut: Ich bin euch für eure Hilfe beim Manuskript und Lektorat sehr dankbar. Renate, dein scharfer Blick hat viele Fehler entdeckt, die ich sicher übersehen hätte. Danke für all euer Feedback und geduldiges Zuhören, wenn ich immer wieder über das Buch gesprochen habe. Und vor allem danke ich euch dafür, dass ihr für mich da wart, als ich euch am meisten gebraucht habe. Ohne euch wäre ich verloren gewesen und hätte nicht das schöne Leben, das ich führe. Ich habe euch beide sehr lieb.

Auch möchte ich dir, Annie Kagan, für all deine Herzlichkeit, Liebe und Unterstützung danken. Ich bin dir auf ewig dankbar.

An Jill Mangino: Vielen Dank für dein wundervolles Licht und großzügiges Herz. Das Universum hat dich mir genau im richtigen Moment geschickt.

An meinen Lieblingsschamanen Ron Sohler: Unsere Verbindung ist buchstäblich nicht von dieser Welt. Ich danke dir dafür, dass du mir die übernatürliche Seite des Lebens gezeigt hast, und für alle lustigen und verrückten Momente, Pfirsiche, Erzengel, für Irland, für das Schloss Manresa Castle, für die Drachen, Zwerge, Feen, Elfen, Motorboote und geklauten Hüte. Wer hätte jemals gedacht, dass eine solche Zweiflerin wie ich sich so überzeugen lassen würde? Ich warte gespannt darauf, worüber wir beide noch mal ein Buch schreiben werden. Die Kleinen und ich haben dich sehr lieb.

An meinen Kollegen bei der Detektivarbeit, Angel Nieves: Die Arbeit mit dir war mir eine Ehre und ein Segen. Du bist ein sehr talentierter und ganz besonderer Mensch. Ich bin sehr dankbar dafür, dich in meinem Leben zu haben. Hab dich lieb, mein Freund.

An meine liebe Freundin Teresa Mena: Ich bin dir für deine Liebe und Unterstützung in all den Jahren und beim Schreiben dieses Buches, deine Hilfsbereitschaft und Geduld, wenn ich dir das Manuskript immer wieder zugeschickt habe, um darüber zu schauen, sehr dankbar. Du bist eine unglaublich tolle Frau, die mich zu immer neuen Höhen inspiriert hat. Deine Freundschaft ehrt mich. Ich bin dir sehr verbunden.

An meine liebe Freundin Diane Sposili: Ohne dich hätte ich es nicht geschafft. Dein Feedback über jedes einzelne Kapitel war kostbar. Du bist erstaunlich und ich bin dir ewig dankbar. Ich habe dich, Larry, Donald und die Kätzchen ganz doll lieb.

An meine guten Freunde und tapferen Seelen, die den ersten Entwurf lektoriert haben: Lynn Knoblauch, Leslee Bouttu, Maryann Bouttu, Diana Roberts, Carla Heins und Eric. Ich danke euch sehr für eure Weisheit und eure Rückmeldungen. Jeder von euch hat mir geholfen, das Buch zu vollenden, und dafür werde ich euch immer dankbar sein. Ihr steht mir alle sehr nahe.

Danke, Eric, dass du so vielen armen und besonderen Katzen dein Heim und Herz öffnest. Du bist was ganz Besonderes.

Julie Smith: Ich danke dir im Namen so vieler heimatloser, verängstigter und hungernder Katzen dafür, dass du für sie sorgst und ihnen ein warmes Plätzchen bietest, an dem sie den Rest ihres Lebens verbringen dürfen.

An meine lieben sensitiven Freunde, deren unglaubliche Gabe mich inspiriert: Barbara Mackey, Seth Michael, Aurora, Sharon Lewis und Teresa Kleve. Ihr seid mir alle ans Herz gewachsen.

An all meine lieben Klienten: Vielen Dank dafür, dass ihr mir das Vertrauen schenkt, mit euren geliebten Tieren und Menschen Verbindung aufzunehmen, denn ohne euch könnte ich die Erlebnisse in diesem Buch nicht mit anderen teilen. Danke für eure Liebe und Unterstützung in den letzten zwanzig Jahren!

Mein besonderer Dank gilt Laurie Acken, Shell Andrews, Pam & Bob Arthur, Jo Albertson, Angie Bearl, Katie Brambrink, Joan B., Fran Bell, Amy Bonaccorso, Maria Bonino, Judy Casale, Kevin Cook, Connie Crandall, Caroline Davidson, Steven DeRose, Nancy Dorrien, Rayette Eaton, Sandy Fenstermacher, Karen & Jim Frazier, Jodi Gartman, Kristen Gray, Frank Grine, Kathy Fiedler, Steve Filkins, Carrol Haines, Phyllis Hamlin, Debbie & Richard Hassler, Kit Jagoda, Gail & Toby Johnson, Katie Montana Jordan, Ellen Kelley, Tiki Kim, Randy Kovach, Ruth Kraft, Gayle Lammers, Jane Laremore, Mary Lilga, Tristan David Luciotti & Amy Castellano, Elizabeth Mazak, Jacki McManus, Gillian Mosapor, Carla Negrete & Nick Johnson, Joanne Nelson, Jody Newman, Linda & Gary Ocasio, Monica Parfait, Pam Ribbey, Cindy Richards, Rachel Searles, Jyl Straub, Kathy Schatel, Carolyn Smith, Julie Smith, Phyllis Stuart, Adrienne S., Nicole Strickland, Karissa Thomas, Nancy Tramontano, Nancy Tuccillo,

Denise Webber, Sarah Welte, Michael White, Ruth Wilfong, Jay Verburg, Edgar Yohe und Patty B. Zlamany.

Herzlichen Dank, Ronnie Rennae, für den großartigen Beitrag, den Sie zu diesem Buch geleistet haben. Ich bin Ihnen für all Ihre Hilfe unendlich dankbar.

Mein besonderer Dank geht auch an Dannion und Kathryn Brinkley für ihre wundervolle und anhaltende Unterstützung.

Ich möchte mich bei Richard Hassler für das Foto des Hutdiebs auf der Rückseite des Covers herzlich bedanken.

Vielen Dank, Cheryl Knight, für Ihr Lektorat und Korrektorat.

Ich danke James Ryan für das schöne Coverdesign und Noel Morado für das Layout und das Buchdesign.

An alle, die ich vergessen habe: Verzeiht mir! Es war nicht meine Absicht. Schickt mir einfach eine Nachricht, dann füge ich euren Namen der nächsten Auflage hinzu.

Schlussendlich möchte ich mich bei unserem himmlischen Schöpfer, meinen Geistführern, den Erzengeln und allen Seelen im Jenseits bedanken, die mir dabei geholfen haben, meine Lebensaufgabe zu erfüllen.

Inhalt

Vorwort

Dr. Annie Kagan

Autorin des internationalen Bestsellers
Das zweite Leben des Billy Fingers
Bericht aus dem Jenseits: Wie mein Bruder mir bewies, dass es nach dem Tod weitergeht

Ich habe Tiere schon immer geliebt: Hunde, Katzen, Elefanten, Pferde, Tiger und – na ja, Schlangen eher weniger. Deshalb besuchte ich vor einigen Jahren die Veranstaltung einer Tierkommunikatorin. Ich wusste zwar nicht, was das ist, aber es klang gut. Sie hatte alle möglichen Fotos von Tieren dabei, die auf sie reagiert hatten: Elefanten, die sich vor ihr verbeugten und den Kopf an ihre Stirn legten, Pferde, die ihr das Gesicht küssten, ein Seehund, der am Strand von Kalifornien auf ihrem Schoß saß. Wirklich beeindruckend.

Als mein Kater Johnny Angel Probleme entwickelte, suchte ich daher eine Tierkommunikatorin.

Eine gemeinsame Freundin riet mir, mit Karen Anderson Verbindung aufzunehmen. Als ich Karen anrief, um einen Termin auszumachen, fragte sie mich, ob ich die Annie Kagan war, die das Buch *Das zweite Leben des Billy Fingers. Bericht aus dem Jenseits: Wie mein Bruder mir bewies, dass es nach dem Tod weitergeht (Ansata, 3. Ed., 2014)* geschrieben hat.

Als ich das bejahte, erzählte Karen mir aufgeregt, dass es der Titel eines ihrer Lieblingsbücher sei. Wie ich glaubt auch sie daran, dass unsere geliebten Angehörigen im Jenseits weiterleben, uns Zeichen schicken und uns wissen lassen, dass sie da sind und ihre Reise fortsetzen, bis wir uns eines Tages wiedersehen. Karen liebte meine Geschichte, vor allem den Teil, in dem ich schildere, wie ich bezweifelte, dass mein toter Bruder Billy real und keine Einbildung war, wie Billy mir immer wieder Zeichen und Nachrichten schickte, die so präzise und erstaunliche Beweise seiner Existenz waren. Auch als ich es nicht glauben wollte, überzeugte mich Billy fest davon, dass die Reise durch sein Leben nach dem Tod, auf die er mich mitnahm, real war. Wir sind tatsächlich alle unsterbliche himmlische Wesen.

Wie Karen mir anvertraute, kann sie mit Tieren sprechen, die über die Regenbogenbrücke gegangen sind. Für mich klang das nicht unmöglich, da ich daran glaube, dass unsere Tiere Seelen haben und wir ihnen nach dem Tod wieder begegnen werden.

Meine Sitzung mit Karen war unglaublich. Sie übermittelte mir direkte Botschaften von Johnny Angel, so als würde er mit mir reden, und nannte mir Einzelheiten, die nur er und ich verstehen konnten. Nach ein paar Minuten weinte ich vor Rührung. Karen verstand die Bedeutung der Nachrichten, die sie übermittelte, nicht ganz, aber ich verstand sie. Durch Karen begriff ich, dass sich Johnny gegenüber meinen beiden anderen Katzen zurückgesetzt fühlte, weil ich sie vor ihm adoptiert hatte. Sobald mir seine Gefühle klar geworden waren, konnten er und ich das Problem rasch lösen.

Nach der Session fragte Karen mich, ob ich ihr Buch *Tierbotschaften aus dem Jenseits* lesen würde. Weil sie meinem Kater so sehr geholfen hatte, erklärte ich mich dazu bereit. Da wusste ich noch nicht, was mich erwartete. Von ihrer rührenden Kindheitserinnerung an eine Taube über ihre faszinierende Entwicklung zur Tierkommunikatorin bis hin zu ihrem wertvollen Wissen über unsere geliebten Tiere sind die Seiten ihres inspirierenden Buches mit erstaunlichen Erkenntnissen gefüllt.

Karen Anderson eröffnet der Beziehung zu Ihren Haustieren – hier und auf der nächsten Seite – ganz neue Horizonte!

Vorwort

Patricia Carrington, Ph. D.

Lehrbeauftragte, Psychiatrische Abteilung
Robert Wood Johnson Medical School an der Universität
Rutgers, Piscataway, NJ
Autorin von The Secret Inner Life of Pets

In diesen Tagen liegt etwas in der Luft, und ich glaube, es spiegelt den Unterschied dieser Ära – eine größere Offenheit für die unsichtbaren Kräfte, die Einfluss auf uns ausüben.

Mir ist diese Entwicklung wohl bekannt, da ich jahrelang der stark einschränkenden Schule des Gedankens »Was man nicht sehen kann, gibt es nicht« angehörte, in die Wissenschaftler – auch Psychologen wie ich – so viel Zeit investierten.

Heute ist das immer weniger der Fall. Ich selbst zum Beispiel bin nicht länger der vorsichtige »realistische« Mensch, der ich war, als ich noch an der Universität von Princeton unterrichtete und vorgab, nur der »strengen Wissenschaft« anzugehören, obwohl ich auch ganz andere Seiten hatte. Diese Veränderung hat viel mit dem Tod meines geliebten Katers Dandy zu tun, der an einem Karfreitag von mir ging.

Mir scheint, als stünde Dandy für viele andere Haustiere, die ein besonderes Wissen ausstrahlten, und in meinem Fall war er sogar der Grund, warum ich Karen Anderson und die Welt der Tierkommunikation kennenlernte und weshalb ich über das tiefe Innenleben unserer Haustiere ein Buch geschrieben habe.

Von Beruf bin ich klinische Psychologin und Autorin. Man könnte mich auch eine Innovatorin nennen, da ich mich immer für Zukünftiges interessiere – für neue Wege, neue Grenzen. Am meisten fasziniert mich jedoch, wie sich meine Sichtweise in den letzten Jahren erweitert hat. Liegt tatsächlich etwas Neues in der Luft?

Ich glaube schon, und ich denke, dieses »Etwas« wird uns durch unbesungene Helden überbracht. In vielen Fällen scheint es die Weisheit unserer eigenen Vierbeiner zu reflektieren. Manchmal glaube ich wirklich, diese Tiere spielen eine viel tiefgründigere Rolle in unserem Leben, als wir ahnen.

Sind sie womöglich in irgendeinem Sinne unsere Beschützer? Sind sie vielleicht aus einer anderen Welt zu uns gekommen, um unsere Herzen auf einzigartige Weise zu öffnen?

Diese Möglichkeit ist ganz real.

Als Psychologin habe ich mich schon immer besonders für die Bedeutung dieses unglaublichen Bandes zwischen Haustieren und ihren Menschen interessiert. Es gehört zu den ältesten Verbindungen, die unseres Wissens bestehen. Auch wenn es uns Menschen vielleicht schwerfällt, es zuzugeben: Unsere tierischen Begleiter spielen eine so besondere Rolle in unserem Leben, dass bei ihrem Tod der Verlust oft genauso unerträglich ist wie der eines geliebten Menschen.

Warum ist das so?

Meines Erachtens ist die Ansammlung von Erfahrungen, die in unseren Genen gespeichert sind – sozusagen die Erinnerung der Seele –, ein Grund dafür. Möglicherweise stammen diese Erfahrungen aus einer Zeit, in der wir noch so einfach, ehrlich und aufrichtig wie unsere Tiere waren. In vielerlei Hinsicht stellen unsere Haustiere ein besseres »Wir« dar – eine echtere, schlichtere, reinere und klarere Version unserer selbst, und wir empfinden tiefen Respekt und Sehnsucht für diesen Teil von uns. Wir bewundern die Integrität der Tiere, ihr unkompliziertes, liebevolles Wesen, während wir nicht so viel Bewunderung für unseren durchschnittlichen Mitbürger aufbringen können und ihm auch nicht so leicht vertrauen wie den Tieren. Die Tierseele hat eine Reinheit, die nur wenige Menschen auf eine so authentische Art und Weise an den Tag legen.

Die simple Tatsache ist, dass wir am Ende des Tages mehr Vertrauen in die Liebe eines Tieres als in die der meisten Menschen haben. Wir kennen ihre Aufrichtigkeit und zweifeln sie nicht an. Sie sind erstaunliche Rollenmodelle. Kennen Sie Leute, die so leicht vergeben, wie ein Haustier es kann? Welcher Mensch ist so loyal wie sie, ohne uns zu hinterfragen? Wie viele Leute sind völlig frei von der Heuchelei, die uns im täglichen Alltag begegnet, während sie in der Tierwelt nicht zu finden ist?

Karen Andersons neuestes Buch, *Tierbotschaften aus dem Jenseits*, bietet faszinierende Informationen von einer anderen Ebene des Seins. Sie gewährt uns eine ganz neue Sichtweise auf das Leben nach dem Tod – und dadurch natürlich auch auf das Leben selbst. Ich kann Ihnen die rührenden Erlebnisse, die in diesem Buch geschildert werden, wärmstens empfehlen. Sie werden Ihnen die Augen öffnen.

Einleitung

Willkommen in meiner Welt

Hat ein verstorbener Hund mir gerade gesagt, was sein Frauchen zum Frühstück aß? Kann ein Hund, der vor kurzem starb, mir tatsächlich verraten, dass seine Besitzerin eine möglicherweise lebensbedrohende Krankheit hat? Kann eine tote Katze genug Beweise liefern, um einen Mordfall zu lösen?

Zugegeben, das klingt verrückt. Hätte ich es nicht selbst erlebt, würde ich vermutlich den Geisteszustand der Autorin anzweifeln. Doch da ich es wirklich erlebt habe, bin ich Ihnen wohl eine Erklärung schuldig. Daher werde ich diese Erlebnisse und noch mehr mit Ihnen teilen, während wir zwischen der physischen Welt, in der wir leben, und dem Jenseits, in dem unsere verstorbenen Tiere leben, hin- und herpendeln.

Willkommen in meiner Welt – einem komplexen und vielschichtigen Reich der Tiere, ihrer Energie des Todes, des Sterbens und natürlich des Lebens nach dem Tod. Auf dieser Reise werde ich von allem ein bisschen mit Ihnen teilen. Vergessen Sie bitte nicht: Ich bin genauso wenig wie andere Sensitive eine Expertin in diesen Dingen, doch ich habe reale Beweise für diese Erfahrungen. Zugegeben, es sind nicht die Art von wissenschaftlichen Nachweisen, die Skeptiker erwarten, und sie sind auch nicht in Reagenzgläsern gewachsen. Sie werden die Zyniker nicht befriedigen, aber sie sind Erfahrungen, die ich mit Tausenden von Klienten in den letzten zwanzig Jahren gesammelt habe.

Warum wollen wir überhaupt mit unseren verstorbenen Tieren kommunizieren?

Selbst noch im Tod sind Sie für Ihre Vierbeiner der wichtigste Mensch auf der Welt. Mir fällt daher kein einziger Grund ein, weshalb ich nach ihrem Tod nicht mit ihnen kommunizieren wollte. Die Gründe, weshalb wir zu ihnen Verbindung aufnehmen wollen, sind genauso einzigartig, wie wir selbst es sind. Ein paar Hauptgründe teilen jedoch die meisten von uns.

Wir wollen vor allem wissen, dass unsere geliebten Haustiere in Sicherheit sind, dass sie keine Schmerzen haben oder ob sie im Jenseits mit unseren Angehörigen zusammen sind. Sie sollen wissen, wie sehr wir sie lieben und vermissen. Wir wollen das Gefühl haben, ihnen ein gutes Leben geboten zu haben, vor allem, wenn es nicht so friedlich zu Ende ging, wie wir gehofft hatten. Unsere Haustiere schenken uns so viel Liebe, Gesellschaft und schöne Augenblicke, dass wir ihnen unsere Dankbarkeit zeigen und unsere Verbundenheit vertiefen wollen. Unsere Vierbeiner waren in guten wie in schlechten Zeiten für uns da; sie freuten sich immer, uns zu sehen, und sehnten sich nach unserer Aufmerksamkeit. Unser Band ist so stark, dass wir die Verantwortung spüren, selbst noch nach ihrem Tod für ihr Wohlbefinden zu sorgen. Wir fühlen uns ihnen dadurch näher, wir erweisen ihnen damit die letzte Ehre und feiern die Zeit, die wir hier auf Erden gemeinsam verbringen konnten.

Es ist kein Zufall, dass Sie gerade heute dieses Buch lesen

Unsere verstorbenen Tiere führen uns zu den Menschen, von denen wir am meisten lernen können. Ich bin überzeugt, wenn Sie das hier jetzt lesen, bedeutet es, dass Sie innerlich erwachen – nach Antworten hungern und nach dem Wissen dürsten, was unsere Tiere im Jenseits erleben. Diese Suche wird zu einem unersättlichen Hunger, und jede neue Information bringt Sie auf Ihrem Weg ein Stück weiter.

So ging es jedenfalls mir. Je mehr ich erfuhr, umso mehr wollte ich wissen. Es ist sehr wahrscheinlich, dass die Verstorbenen, die Sie geliebt haben, Sie auf diesen Weg geführt haben. Vermutlich haben sie Sie sogar dazu gebracht, dieses Buch zu lesen, da sie wissen, dass ich Ihnen helfen kann, besser zu verstehen, was geschieht, wenn Ihr Tier stirbt und seinen Körper zurücklässt. Ihre verstorbenen Haustiere und Angehörigen wissen auch, dass ich ihre Botschaften an Sie übermitteln und Ihnen bestätigen kann, dass ihre Energie auch nach ihrem physischen Tod bestehen bleibt.

Seit ich vor zwei Jahrzehnten diese Reise angetreten bin, wird die Kommunikation mit der Seele eines Tiers in unserer Gesellschaft immer selbstverständlicher. Das ist wohl deshalb so, weil viele von uns hoffen, dass unsere Tiere nach ihrem Tod noch bei uns und um uns herum sind.

Ich rate Ihnen, so viele Informationen wie möglich von mir oder einer anderen verlässlichen Quelle aufzunehmen. Konzentrieren Sie sich auf das, was Ihnen stimmig vorkommt, beschäftigen Sie sich mit den Gebieten, die Sie interessieren, und vergessen Sie den Rest. Der Weg ist für jeden von uns eine etwas andere Reise. Niemand kennt alle Antworten, und Sie sollten sich so schnell Sie können von Leuten abwenden, die behaupten, auf alles eine Antwort zu haben.

Lasst uns von den Tieren im Jenseits führen

Ich hoffe, wenn Sie die folgenden Kapitel lesen, werden Sie offen für die Vorstellung, dass die Tiere im Jenseits weiterleben, wie es tatsächlich der Fall ist. Vielleicht glauben Sie schon an eine Art Leben an einem himmlischen Ort nach dem Tod. Wenn ja, werden die in diesem Buch geschilderten Ereignisse viele Ihrer Überzeugungen von der Ewigkeit bestätigen. Wenn Sie nicht daran glauben oder sich nicht sicher sind, hoffe ich, Ihnen einen sanften Anstoß geben zu können. Mitunter schubse ich Sie möglicherweise über die Grenzen Ihrer Komfortzone hinsichtlich dessen, was unsere Tiere nach ihrem Tod erleben, hinaus.

Ich habe einige der beeindruckendsten und inspirierendsten Momente tatsächlicher Sessions und eigener Erfahrungen der letzten zwanzig Jahre ausgewählt, die ich mit Ihnen teilen werde. Hoffentlich nehme ich Ihnen etwas von dem Unheimlichen, den Ängsten und der Trauer weg, die entstehen, wenn Ihr treuer tierischer Begleiter übergeht und unsere physische Welt verlässt.

Auch gewähre ich Ihnen einen Einblick in mein früheres Leben, während ich aufwuchs, in die Zeit, in der ich im Polizeidienst tätig war, und letztendlich in die Hintergründe, die mich dazu brachten, diese einzigartige Reise in die übersinnliche Welt anzutreten. Vielleicht haben Sie in Ihrem Leben vergleichbare Erfahrungen gemacht, was es Ihnen leichter machen könnte, Ihre Lebensaufgabe klarer zu erkennen.

In den meisten Fällen wurden die Namen der Personen geändert, um ihre Privatsphäre zu schützen; die tatsächlichen Ereignisse und Botschaften habe ich jedoch authentisch und unverändert wiedergegeben. Auch wenn Sie möglicherweise weiterblättern möchten, um einen Abschnitt zu lesen, der Sie besonders interessiert, empfehle ich Ihnen, die Geschichten in der vorgegebenen Reihenfolge zu lesen. Die Kapitel bauen aufeinander auf, und die Erlebnisse wurden strategisch angeordnet. Wenn Sie zwischen den einzelnen Kapiteln hin und her wechseln, entgehen Ihnen womöglich wichtige Informationen. Wenn Sie die Kapitel der Reihenfolge nach lesen, werden Sie die umfassendsten Erkenntnisse über das Leben Ihrer Tiere hinter dem Regenbogen gewinnen. Ich erzähle die Geschichten so, wie ich sie erfahren habe – vergessen Sie also nicht, dass jedes Tier unterschiedlich und jede Situation einmalig ist.

Am meisten hoffe ich, dass die folgenden Berichte Heilung in Ihrem Herzen auslösen werden, falls Sie mitten in der Trauer über den Verlust Ihres kostbaren tierischen Gefährten stecken. Sie verdienen es, glücklich und fröhlich zu leben – im sicheren Wissen, dass die Verbundenheit zu Ihren verstorbenen Tieren weiter besteht.

Im letzten Teil des Buchs biete ich Mittel an, mit Hilfe derer Sie Schmerz und Trauer überwinden und loslassen können. Sicher stimmen mir viele Menschen zu, wenn ich sage, dass wir es trotz des schmerzhaften Verlustes immer wieder genauso machen würden.

Wenn ich auf meinen einzigartigen Weg zurückblicke, wird deutlich, dass ich keine dieser wundervollen Erfahrungen gemacht hätte, wäre ich nicht meiner Gabe gefolgt. Eine simple Entscheidung hat mir ein Leben der Liebe, Heilung und Freude beschert. Ich habe einfach nur meine Begabungen bejaht.

Die Gabe

Jeder von uns wird mit einer besonderen Gabe geboren. Wir kommen mit einem Geschenk Gottes, unseres Schöpfers, auf die Welt, das tief in unserer Seele schlummert. Meiner Überzeugung nach besteht unsere Hauptaufgabe im Leben darin, unsere Gabe zu honorieren und unsere Talente voll auszuschöpfen.

Unser himmlisches Geschenk kann alles Mögliche sein: Malen, Schreiben, Musik oder Lehren. Es ist unsere einzigartige Visitenkarte und wird uns gemacht, um unser Leben und unsere Umwelt zu bereichern.

Manchmal gehen wir unseren Lebensweg, ohne uns der Begabungen bewusst zu sein, die direkt an der Oberfläche unserer Seele darauf warten, entdeckt zu werden. Dann fühlen wir uns in der Weite der Welt verloren und suchen überall – außer in unserem Herzen – nach einem Gefühl der Zugehörigkeit und des Selbstwertes.

Wenn wir unsere Gabe mit offenem Herzen annehmen, entsteht gleichzeitig ein Kreis, und da, wo wir uns zuvor verloren fühlten, finden wir jetzt die Freude und den spirituellen Segen, die uns bisher entgangen waren. Unsere Lebenskraft strahlt wie ein Riesennetz aus Liebe ins Universum aus und eröffnet uns ein ganz neues Bewusstsein. Mit der Zeit kehrt all diese Liebe zehnfach zu uns zurück, und so schließt sich der Kreis.

Was Ihre Gabe ist, macht keinen Unterschied. Was allein zählt, ist, dass Sie Ihre Gabe erkennen und voll ausschöpfen. Indem Sie Ihre Begabung ausschöpfen, achten Sie Ihr wahres Selbst. Wenn Sie Ihre Gabe ignorieren, missachten Sie die kostbarste und befriedigendste Chance, die Ihnen in diesem Leben geschenkt wurde.

Es ist ganz einfach, Ihre Gabe zu erkennen. Was lieben Sie? Was macht Ihnen Spaß? Was bringt Ihr Herz zum Schwingen? Ihre Gabe ist das, was Sie mit minimaler Anstrengung tun können und womit Sie gleichzeitig maximale Ergebnisse erzielen.

Sind Sie ein geborener Küchenchef, eine talentierte Sängerin oder eine tolle Tennisspielerin? Beschäftigen Sie sich gern mit Technik, Grafik oder einer Wissenschaft?

Sobald Sie Ihre Gabe erkannt haben, sollten Sie ihr mit Leidenschaft nachgehen. Lassen Sie nicht zu, dass sich irgendjemand zwischen Sie und Ihre Begabung stellt. Das wird nicht immer leicht sein. Es wird auf Ihrem Weg viele Unebenheiten geben. Sie werden ziemlich sicher auf viele Hürden und Sackgassen treffen, aber wenn Sie an sich glauben und wenn Sie dranbleiben, werden neue Türen aufgehen.

Vermutlich werden auf Ihrem Lebensweg hinter jeder Kurve Neinsager oder Zweifler lauern. Vergessen Sie nicht: Solche negativen Seelen missachten meist ihre eigenen Gaben und sind vom spirituellen Weg abgekommen. Bleiben Sie sich treu und konzentrieren Sie sich auf Ihr Ziel.

Ich glaube fest an die Kraft eines Bilderbretts und daran, dass man die Zukunft manifestieren kann. Wenn Sie etwas visualisieren können, dann kann es sich auch umsetzen.

Während Sie die Geschichten in diesem Buch lesen, erfahren Sie auch von so manchen Schwierigkeiten, die ich hatte, und Fehlern, die ich machte. Ich sehe diese Mühen nicht als Hürden, sondern als Chancen an. Durch sie machte ich noch energischer weiter.

Wenn Sie am letzten Kapitel angelangt sind, werden Sie hoffentlich Ihre himmlische Gabe eindeutig erkennen. Es ist nie zu spät, diese Gabe umzusetzen. Ich bin meiner spirituellen Berufung gefolgt, und das können Sie auch.

Karen Anderson

Teil I

Kapitel 1
Sie wollen nirgendwo sonst sein

Trauer ist Liebe,
ohne einen Ort zu haben, an den sie gehen könnte
– Verfasser unbekannt

Es war spät geworden, und Bandit rollte sich auf seinem Lieblingsplätzchen in der Ecke des Betts zusammen. Mit schläfrigen Augen sah der stattliche Kater zu, wie sein Frauchen die Decke aufschlug und ihr Kopfkissen zurechtrückte. Die Nacht sandte eine laue Brise durchs Zimmer, die vom Duft von Lavendel und frisch gemähtem Gras geschwängert war. Es war für ihn die schönste Zeit des Tages: Alles war still, während der Mond im Osten aufging. Im Sommer war es auf der Farm herrlich und alles blühte.

Neben ihm lag seine enge Freundin Choo Choo, eine schwarze Katze mit orangeroten und weißen Flecken, häufig als Schildpattkatze bezeichnet. Sie war klein und stämmig und hatte mandelförmige Augen.

Beim Einschlafen hörte Bandit, dass sein Frauchen weinte. Er drehte sich um und sah, wie ihr Tränen übers Gesicht liefen. Sie hielt ein Foto der beiden Katzen in den Händen. Erst vor drei kurzen Monaten war Bandit gestorben, und Choo Choo war nur wenige Monate vor ihm übergegangen.

»Ich vermisse euch beide ganz schrecklich«, sagte das Frauchen leise. »Ich wünschte, ihr wärt hier bei mir.« Der Verlust beider geliebter Katzen war kaum zu ertragen.

Jeden Abend nahm ihr Frauchen das gerahmte Bild in die Hand und redete mit ihnen über den Tag, den sie gehabt hatte. Sie ahnte nicht, dass die beiden längst wussten, was sie an diesem Tag gemacht hatte – denn Bandit und Choo Choo waren immer in ihrer Nähe. Irgendwann liefen dann die Tränen, wenn sie sich zu lange nach den beiden gesehnt hatte.

»Oje, Mama weint heute Nacht wieder«, sagte Bandit zu Choo Choo.

Choo Choo öffnete langsam die goldgelben Augen und betrachtete ihr Frauchen.

»Bandit, sie weiß nicht, dass wir hier sind«, sagte Choo Choo. »Sie glaubt, wir sind an irgendeinem fernen Ort oder für immer weg. Wir sollten versuchen, ihr zu zeigen, dass wir hier sind.«

Die beiden Katzen erhoben sich und stellten sich neben ihr Frauchen.

»Mama, wir sind bei dir«, sagte Choo Choo und rieb sich an der Hand ihres Menschen. »Wir sind doch immer bei dir.«

»Wir wollen nirgendwo anders sein als bei dir«, sagte Bandit, während er sanft den Kopf an ihr tränennasses Gesicht drückte.

In den nächsten Wochen versuchten die beiden Katzen alles Mögliche, um mit ihrem Menschen zu kommunizieren. Sie rieben sich an ihrer Mama, kitzelten sie im Gesicht mit den Barthaaren, warfen Kugelschreiber von ihrem Schreibtisch herunter und erschienen ihr in spiritueller Gestalt, damit sie sie aus den Augenwinkeln sehen konnte.

Mit der Zeit spürte ihre Mama, dass die geliebten Katzen versuchten, mit ihr aus dem Jenseits Verbindung aufzunehmen. Eines Abends setzte sie sich an den PC und googelte *Mit verstorbenen Haustieren kommunizieren.*

Sie fand mehrere hundert Listen von Tierkommunikatoren. Dann klickte sie sich durch einige Webseiten hindurch, bis sie zu einer bestimmten Seite kam.

Als sie Karen Andersons Foto sah, wusste sie auf Anhieb, dass Karen genau die richtige Tierkommunikatorin für sie war.

Schließlich kam der Tag der Session. Die Katzenmama lief nervös im Zimmer umher und sah alle fünf Minuten auf die Uhr.

Dann wählte sie die Telefonnummer. Sobald sie Karens freundliche Stimme hörte, entspannte sie sich. Karen riet ihr, ein paar Mal tief Luft zu holen, es sich bequem zu machen und die Sitzung einfach zu genießen.

»Ich bin ein bisschen nervös«, gestand die Katzenmama. »Ich habe noch nie so was gemacht.«

»Keine Angst, ich kann Sie gut verstehen«, beruhigte Karen sie. »Es ist völlig normal, vor einer Session etwas nervös zu sein.«

Die Katzen hörten zu, während Karen die Sitzung mit einem Gebet und einem Segen begann.

»Mit wem möchten Sie heute anfangen?«, fragte Karen.

»Ich weiß nicht. Ich habe sie beide gleich lieb. Fangen wir mit Choo Choo an.«

»Wow! Choo Choo ist sehr intelligent«, sagte Karen. »Sie zeigt mir ihre Barthaare und streicht mir damit immer wieder übers Gesicht. Es kitzelt. Choo Choo sagt, so würde sie Sie aufwecken. Können Sie mit dieser Nachricht etwas anfangen?«

»Wirklich? Ob ich damit etwas anfangen kann? O ja! Choo Choo hat mich jeden Morgen mit ihren Barthaaren geweckt. Ich vermisse sie so sehr. Weiß sie, wie sehr ich sie liebe?«, fragte das Frauchen und kämpfte mit den Tränen.

»Ja, sie weiß es. Sie sagt, Sie reden die ganze Zeit über mit ihr und sie weckt Sie immer noch mit ihren Barthaaren auf«, berichtete Karen.

»Und ich dachte, ich spinne, aber ich spüre immer noch, wie sie mir mit den Barthaaren übers Gesicht streicht. Ist das wirklich sie?«, fragte die Katzenmama unter Tränen.

»Ja, das ist sie. Sie sagt, Sie wachen dadurch rechtzeitig auf«, bestätigte Karen.

»Das ist ja unglaublich! Ich fasse es einfach nicht, wie das möglich ist.«

»Ich weiß. Es ist sogar für mich schwer zu fassen«, sagte Karen. »Ich fühle mich geehrt, Sie ein Stück auf Ihrem Weg begleiten zu dürfen. Jetzt zeigt mir Choo Choo einen Teller voller Sushi. Hat das irgendeine besondere Bedeutung für Sie?«

»O ja! Als ich sie aus dem Tierheim holte, hieß sie Sushi. Der Name passte nicht zu ihr, und daher habe ich sie Choo Choo genannt. Das weiß sonst keiner, Karen. Woher wissen *Sie* das?«

»Choo Choo hat es mir verraten«, sagte Karen. »Sie sagt, ihr gefällt der Name Choo Choo viel besser. Sie sollen wissen, dass sie immer bei Ihnen ist und sich sehr bemüht hat, Sie auf sich aufmerksam zu machen. Sie sagt, sie kann hören, wenn Sie ihr von Ihrem Tag erzählen.«

Die Katzenmama staunte, als immer mehr detaillierte Botschaften eintrafen.

Dann war Bandit an der Reihe.

»Bandit ist ein echter Gentleman. Er sagt, Sie hätten ihn gerettet. Ohne Sie wäre er schon jung gestorben.«

»Das stimmt. Er tauchte vor vielen Jahren als halb verhungerter Streuner bei mir auf«, bestätigte die Katzenmama.

»Aus irgendeinem Grund zeigt er mir einen Stift. Sind Sie vielleicht Schriftstellerin? Ich bin nicht sicher, was der Stift zu bedeuten hat«, sagte Karen.

»Das Spiel mit den Stiften!«, rief die Katzenmama aus. »Bandit schmiss immer meine Stifte vom Schreibtisch. Das gibt's doch nicht!«

»Er hat die Stifte von Ihrem Schreibtisch gewischt, um Ihnen zu zeigen, dass er noch da ist.«

»Stimmt, das hat er! Ich dachte, ich bilde es mir ein. Ich habe nicht geglaubt, dass sie Gegenstände bewegen können, um so mit mir zu kommunizieren. Ich vermisse sie so sehr, dass es mir im Herzen wehtut. Seit ihrem Tod ist eine große Leere entstanden und ich fühle mich so einsam.«

»Aber jetzt wissen Sie, dass Ihre süßen Kätzchen in der geistigen Welt weiterleben und es ihnen gutgeht«, sagte Karen lächelnd. »Beide schicken Ihnen ganz viel Liebe; ich kann sie in Wellen spüren. Sie können sich glücklich schätzen, so tolle Tiere zu haben, die nach Ihnen schauen.«

»Karen, mir fehlen die Worte«, sagte die Katzenmama. »Ich weiß gar nicht, wie ich Ihnen für diese Erfahrung danken soll. Ich dachte, meine Katzen wären für immer von mir gegangen, aber Sie haben mir bewiesen, dass es nicht so ist.«

»Es war mir eine Freude«, sagte Karen. »Können Sie mir, bevor Sie auflegen, noch sagen, wie Sie mich gefunden haben?«

»Ich habe im Internet nach Tierkommunikatoren gesucht, und Ihre Webseite hat mich magisch angezogen. Ich kann es nicht erklären. Als ich Ihr Bild sah, wusste ich, dass ich bei Ihnen genau richtig bin.«

Am Ende der Session dankte Karen den Katzen für ihre Botschaften. Sie erklärte ihrem Frauchen, wie sie es anstellen könnte, den Katzen liebevolle Gedanken ins Herz zu schicken, was wie spiritueller Treibstoff wirkt.

»Stellen Sie sich vor, wie Sie an der Tankstelle den Tank auffüllen«, erklärte Karen. »Ihre Herzen sind die Benzintanks, und sie brauchen Ihre Liebe – Ihre spirituelle Energie –, um ihre Reise im Jenseits fortzusetzen.«

Die Katzenmama nickte, da sie jetzt wusste, wie sie ihren verstorbenen Katzen Liebe senden konnte. Karen sagte ihr auch, dass sie auf all die kleinen Zeichen achten sollte, die sie ihr schickten, und ihnen für diese Aufmerksamkeiten danken sollte.

»Respektieren Sie die Trauer, denn solche Gefühle sind Teil des Heilungsprozesses. Versuchen Sie, wenn Sie traurig sind, einen glücklichen Gedanken auszusenden« riet Karen ihr. »Denken Sie an die glücklichen Erinnerungen, freuen Sie sich über ihr Leben und versuchen Sie, nicht an den traurigen Momenten festzuhalten. Machen Sie ihr Leben zu etwas Wichtigerem als ihren Tod.«

Auch wenn die Katzenmama ihre Vierbeiner immer noch vermisste, hatte sie nun ein neues Lebensgefühl und eine ganz andere Einstellung zum Tod.

Bandit und Choo Choo sahen ihr Frauchen zum ersten Mal seit langer Zeit lächeln und strichen freudig in der kosmischen Sonne um sie herum.

Ihrem Frauchen wurde endlich klar, dass der Tod eines Haustiers nicht das Ende, sondern der Anfang seiner neuen Existenz als energetisches Wesen ist. Die Katzenmama litt nicht länger unter dem Verlust, denn sie hatte begriffen, dass sie immer mit ihren geliebten Tieren verbunden sein würde. Sie waren immer in ihrer Nähe, da sie nirgendwo sonst sein wollten.

Kapitel 2
Der einzigartige Weg

Manche Leute reden mit Tieren.
Aber viele hören nicht zu.
Das ist das Problem.
– A. A. Milne, *Pu der Bär*

Ich habe mir diesen übersinnlichen Weg nicht ausgesucht, aber er ist offensichtlich meine Berufung. Als Kind wollte ich Tierärztin werden. Doch als ich erfuhr, dass ich dafür an Tieren operieren müsste, ließ ich den Wunsch rasch wieder fallen. Aber ich wusste immer, dass ich eines Tages mit Tieren arbeiten würde. Ich hätte nur nie gedacht, dass es als Tierkommunikatorin sein würde.

Als ich noch klein war, prägten mich zwei Persönlichkeiten: Die erste war Walt Disney und die zweite war unser Hund. Ich wuchs eine Stunde östlich von Los Angeles in der Kleinstadt San Dimas in Kalifornien auf. Wir hatten einen Tricolor-Collie namens Prince, der mir beibrachte, wie ich mit Tieren kommunizieren konnte.

Wir führten die komischsten Gespräche, und ich ging davon aus, dass alle anderen ihn auch verstehen konnten. Ich hatte noch viele andere Tiere, darunter Kaninchen, Katzen und Fische. Als Kind unterhielt ich mich mit all meinen Tieren, ohne darüber nachzudenken.

Frühe Einflüsse

Ich wuchs in den 1960er Jahren mit dem Spielfilm *Dr. Doolittle* und allen berühmten Disneyfilmen, wie beispielsweise dem *Dschungelbuch* und *Bambi*, auf. Die meisten Tiere in diesen Filmen konnten sprechen; daher kam mir nie der Gedanke, dass meine Tiere es nicht könnten.

Meine Lieblingsfernsehserien waren *Mr. Ed*, das sprechende Pferd, *Flipper*, *Mein Freund Ben* und vor allem *Lassie*. Es faszinierte mich, wie die Tiere mit ihren Menschen kommunizierten.

Der Hund meiner Kindheit

Als ich fünf oder sechs war, hatte ich aufgrund der engen Beziehung zu unserem Hund Prince ein Erlebnis, das ich nie vergessen werde. Er schlief immer in meinem Zimmer, und eines Nachts begann er, unruhig hin und her zu laufen. Nervös ging ich zu ihm und sagte ihm, er solle sich auf den kühlen Boden vor der Haustür legen.

In jener Nacht machte ich mir große Sorgen, dass er sterben würde. Ich konnte seine Schmerzen spüren und hatte selbst Bauchschmerzen. Er war mein bester Freund und ich konnte mir kein Leben ohne ihn vorstellen. Also legte ich mich neben ihn auf den Boden und versuchte, ihn zu trösten. Ich muss wohl eingeschlafen sein, weil ich mich als Nächstes an die Stimme meiner Mutter am anderen Morgen erinnere. Ich sagte ihr, Prince habe Bauchschmerzen und habe mir gesagt, dass ihm schlecht sei. Und ich sagte ihr, wie sehr auch mein Bauch wehtat.

Meine Mutter wusste damals noch nicht, was sie davon halten sollte. Sie sagte, Tiere könnten nicht sprechen und ich sollte mir keine Geschichten ausdenken. Ich weiß noch, wie wütend und aufgebracht ich war, weil sie mir nicht glaubte. Auch war ich überzeugt, dass Prince sterben könnte, wenn wir nichts unternahmen.

Als meine Mutter merkte, dass Prince tatsächlich Schmerzen hatte, brachte sie ihn rasch zum Tierarzt. Zum Glück hatte er nur eine stark entzündete Bauchspeicheldrüse, und er erholte sich wieder davon. Das war meine erste Erfahrung von vielen, bei denen mir keiner glaubte, dass ich mit Tieren sprechen kann.

Schon bald nach diesem Vorfall verbarg ich meine Tierkommunikation vor meiner Umwelt. Nur meine beste Freundin Laurie glaubte mir, dass ich mit den Tieren reden konnte. Sie konnte die Tiere zwar nicht so hören, wie ich es konnte, aber wenigstens glaubte sie mir.

Warum kann niemand sonst sie sprechen hören? Was stimmt nicht mit mir? Irgendwas stimmt mit mir nicht, dachte ich.

Die Tiere schenkten mir ihre Liebe und Gesellschaft

Ich verbrachte meine ganze Freizeit mit meinen Haustieren. Ich sprach heimlich mit ihnen und erzählte ihnen lustige Geschichten. Ich dachte, unsere Gespräche würden immer weitergehen. Doch einige Jahre später verdrängte ich diese Fähigkeit für immer. Dachte ich.

In meinem ersten Buch *Hear All Creatures!* erzähle ich die Geschichte von der orange-weißen Tabbykatze, für deren Tod ich im Alter von acht Jahren verantwortlich war, wie ich glaubte. Damals rief ich den streunenden Kater auf der anderen Straßenseite zu mir, um mit ihm zu spielen. Als der Kater auf die Straße lief, schoss aus dem Nichts ein Auto heraus und überfuhr ihn vor meinen Augen. Der Tod dieses Katers traumatisierte mich, und ich fühlte mich viele Jahre schuldig. Ich schwor mir damals nach diesem schrecklichen Unfall, nie wieder zu versuchen, mit einem Tier zu kommunizieren.

Der falsche Beruf

Viele Jahre später – lange bevor ich als Sensitive tätig wurde – hatte ich in Orange County, Kalifornien, mehrere Jobs hintereinander. Ich arbeitete für verschiedene Kreditinstitute und lernte das Finanzwesen kennen. Meine Arbeit erforderte es, mich auf Zahlen zu konzentrieren, und man sagt, dafür wird die linke Hirnhälfte aktiviert. Die linke

Hirnhälfte soll all unsere analytischen Fähigkeiten beinhalten – Zahlen, Logik, Vernunft und kritisches Denken –, während die rechte Hirnhälfte sich auf die visuellen, kreativen, abstrakten und intuitiven Prozesse konzentriert.

Ich muss wohl nicht erwähnen, dass diese Jobs mich nicht glücklich machten. Es war keine befriedigende Arbeit, und ich fühlte mich oft leer, so als würde etwas in meinem Leben fehlen. Ich bin kein Zahlenmensch. Ich mag Tiere. Was zum Teufel suchte ich dort?

Die Zeichen sind immer da

Irgendwann meldete jede Firma, bei der ich arbeitete, Insolvenz an. Ich wurde entweder nach Hause geschickt oder ganz entlassen. O ja, meine große Klappe hat mir über die Jahre eine Menge Ärger eingebracht! Manchmal habe ich keinen Filter; dann sprudeln die Worte nur so aus mir heraus. Ich bin sehr geradlinig, und das hat mich schon öfter arbeitslos gemacht.

Ich rannte gegen eine Mauer nach der anderen – nichts als Sackgassen. Wenn ich heute zurückblicke, erkenne ich deutlich, dass meine Geistführer verzweifelt versuchten, mir dadurch etwas mitzuteilen: *Du arbeitest im falschen Beruf, Karen.*

Damals ahnte ich noch nicht einmal, dass ich Geistführer habe. Hätte mir damals jemand gesagt, dass ich unsichtbare Helfer hatte, die mich auf sie aufmerksam machen wollten, dann wäre ich wohl in lautes Gelächter ausgebrochen. Ich war damals völlig ahnungslos. Seitdem habe ich meine Geistführer kennengelernt und arbeite aufgrund meiner Sensitivität eng mit ihnen zusammen.

Jeder von uns hat Geisthelfer oder Geistführer, unabhängig davon, ob er sich ihrer Gegenwart bewusst ist oder nicht. Es sind die leisen

Stimmen der Vernunft im Kopf, die uns im Leben lenken. Ihre Geistführer helfen Ihnen, einen Parkplatz in der ersten Reihe oder den Zwanzig-Euro-Schein in der Jackentasche zu finden. Sie schicken Sie auf einem Umweg zur Arbeit, und später erfahren Sie, dass auf Ihrem gewöhnlichen Weg zur Arbeit ein schrecklicher Unfall passiert ist. Diese unsichtbaren Helfer sind – ähnlich wie Schutzengel – bei Ihnen, um Ihnen das Leben ein wenig leichter zu machen.

Ich arbeitete weiter in der Finanzwelt und brachte einige dicke Schecks nach Hause. Ich versuchte sogar, die Karriereleiter hinaufzuklettern. Es war eine Zeit des materiellen Wohlstands, der dicken Boni und des äußeren Scheins. Als in den frühen 1990ern die Wirtschaft anfing zu bröckeln, ging es mit meiner Karriere abwärts.

Das spirituelle Erwachen

In finanzieller Hinsicht brach für mich eine harte Zeit an, und mir wurde klar, dass ich mir eine günstigere Bleibe suchen musste. Nach sorgfältigem Überlegen beschloss ich, von Kalifornien nach Colorado zu ziehen. Ich packte meine Sachen zusammen und machte mich auf nach Denver, wo ein neuer Job in der Kreditbranche auf mich wartete.

In dieser Zeit erlebte ich zum ersten Mal seltsame zukunftsweisende Ereignisse, auch wenn ich sie noch nicht als solche wahrnahm. Eines Tages ging ich beispielsweise einkaufen und kam mit einer ganzen Tüte voller schwarzer Küchenutensilien nach Hause. Ich hatte mehrere schwarze Läufer, Geschirrtücher und Topflappen gekauft. Das Merkwürdige war, dass meine damalige Küche blauweiß war. Es gab in der Küche nichts Schwarzes. Ich hatte keine Ahnung, warum ich lauter schwarze Küchensachen gekauft hatte. Also packte ich die Gegenstände weg und vergaß sie.

Innerhalb eines Jahres zog ich aus der Gegend von Denver in ein Haus in den Bergen von Bailey. Das hatte ich nicht etwa geplant; der Umzug war ziemlich spontan gewesen. Ich war geschockt, als ich im neuen Zuhause meine Kisten auspackte und die Tüte mit den schwarzen Küchensachen vom Jahr davor wiederentdeckte. Alle Küchengeräte im neuen Haus waren schwarz. Meine Accessoires, Teppiche und Geschirrtücher passten perfekt hinein. *Komisch,* dachte ich.

In den darauffolgenden Jahren geschahen lauter solche seltsamen Dinge, aber ich ahnte nicht, dass sie erst der Anfang eines spirituellen Erwachens waren. Ich wurde mit geschlossenen Augen auf meinen intuitiven Weg gezogen. Ich hatte keine Ahnung, dass sich meine Intuition schon bald melden würde – und das im großen Stil.

Achten Sie auf Ihre Intuition

Schließlich gründete ich mit meinem Geschäftspartner Roy eine kleine Kreditfirma. Für eine neue Firma waren wir recht erfolgreich, doch ich konnte das düstere Gefühl nicht abschütteln, das mich befiel. Ich konnte zwar nicht sagen, was es war, aber ich hatte das Gefühl, dass etwas ganz und gar nicht stimmte. Zwar arbeitete ich viele Stunden und steckte all meine Kraft in das Unternehmen, um es erfolgreich zu machen, aber das ungute Gefühl verließ mich nicht. Eines Tages setzte ich mich an den PC, um zu sehen, was Roy mit den Firmenkonten machte.

Es dauerte nicht lange, bis ich mehrere Einträge in den Büchern fand, die nicht zusammenpassten. Ungläubig starrte ich auf den Monitor. *Kann das sein? Nein, unmöglich,* dachte ich. *So was würde Roy nicht tun.* Ich ging die eingelösten Schecks durch und stellte fest, dass mein

Geschäftspartner die Firma und mich bestahl. *Wie kann er mir das antun?*

Seite um Seite deckte ich seinen Betrug auf, und jedes Mal war ein weiterer Stich in die Magengrube. *Wie kann jemand so was tun?* Sein Verrat war schwer zu verdauen. Er war ein guter Freund; wir verbrachten Freizeit miteinander, wir arbeiteten zusammen – und währenddessen hatte er mich vor meiner Nase bestohlen. Wer tut so etwas seinen Freunden an? Ich war entsetzt und geschockt, und eine innere Stimme riet mir, die Finger von diesem Geschäft zu lassen.

Eine schmerzhafte Lektion

Es heißt, wir würden hier auf der Erde nichts lernen, wenn alles glatt und einfach liefe. Diese Geschichte war jedenfalls eine harte Erfahrung! Meiner Überzeugung nach versuchten meine Geistführer, mir damit zu sagen, dass ich aus diesem Geschäft aussteigen sollte. Die leise warnende Stimme, die ich so lange ignoriert hatte – das waren sie; damit wollten sie mir sagen, ich sollte aussteigen, doch es war schon zu spät. Zu dem Zeitpunkt, an dem ich die Summe ausgerechnet hatte, die er unterschlagen hatte, war ich schon finanziell ruiniert und musste die Firma schließen. Ich erstattete Strafanzeige gegen Roy und musste mich durch einen Berg von Unterlagen durchkämpfen, um meinen Fall bei der Polizei vortragen zu können. Ich händigte dem Ermittler einen dicken Aktenordner aus.

»Du lieber Himmel«, sagte er und betrachtete meinen Stapel an Beweisen. »Normalerweise bringen die Leute nur einen Schuhkarton voller Papiere vorbei und erwarten von uns, dass wir alles ordnen. Ich sollte Sie glatt einstellen! Jemanden wie Sie könnte ich in meinem Team gut gebrauchen. Überlegen Sie es sich.«

Ich lachte über seine Bemerkung und dachte nicht weiter darüber nach. Doch ohne es zu merken, hatte ich zu diesem Zeitpunkt schon den Weg in den Justizdienst eingeschlagen. Der Fall wurde dem Staatsanwalt vorgelegt, und Roy hatte die Wahl, entweder das unterschlagene Geld zurückzuzahlen oder hinter Gitter zu kommen. Als der Fall geschlossen war, fragte mich der Kriminalbeamte erneut, ob ich daran interessiert sei, für ihn zu arbeiten.

Da meine Kreditfirma nicht länger bestand und ich nun kein Einkommen mehr hatte, musste ich mir was einfallen lassen. Also wandte ich mich wieder dem zu, was ich am besten konnte, und das war die Arbeit mit Tieren. Also setzte ich eine Anzeige in den Lokalanzeiger, in der ich meine Dienste als »Mädchen fürs Gehege« anbot – und sammelte Pferdeäpfel auf. Sie sehen also: Ich bin mit dem hinteren Ende eines Pferdes bestens vertraut. Schließlich lebte ich davon.

Anfangs lief das Geschäft nur mäßig. Es war früher Winter, und die meisten Leute wollen ihr Pferdegehege nicht säubern lassen, wenn Schnee liegt. Ich hatte nur wenige Kunden, und es war ein Knochenjob. Außerdem landete ich noch ein paar Nebenjobs als Hundesitterin und Gassigeherin. Zum Glück nahm meine Tätigkeit, Gehege sauberzumachen, allmählich an Fahrt auf. Mein Kundenkreis wuchs, da sich im Bekanntenkreis meiner Stammkunden schon bald herumsprach, wie toll ich Pferdeäpfel aufsammelte, und dank Pferdemist wurde mein Leben deutlich leichter.

Kapitel 3
Das Mädchen fürs Pferdegehege

Ich habe schon Dinge gesehen, die so schön waren, dass mir die Tränen flossen. Doch sie waren nichts im Vergleich zur Anmut und Schönheit eines ungezügelten Pferdes, das frei umherläuft.
– Verfasser unbekannt

Vermutlich fragen Sie sich jetzt, was Pferdemist mit dem Leben nach dem Tod zu tun hat. Warten Sie's ab; es wird noch besser! Während ich Pferdegehege saubermachte, hatte ich viel Zeit zum Nachdenken, und in mir wuchs das Verlangen, der Gemeinschaft etwas zurückzugeben. Das war für mich ungewöhnlich, denn ich hatte noch nie zuvor ehrenamtlich gearbeitet. Doch es war ein sehr befriedigendes Gefühl, täglich Tiere um mich herum zu haben. Ich verspürte den Drang, etwas für Tiere zu tun, vor allem für Tiere in Not.

Dieser Drang, Tieren zu helfen, kam sicher von meinen Geistführern, die wahrscheinlich alles taten, um mich auf die nächste Ebene meines Lebens zu bringen. Ohne es zu ahnen, führten sie mich zur Tierschutzbehörde von Bailey, Colorado.

An einem strahlenden Sommertag betrat ich das beengte Büro der Tierschutzbehörde und bot mich als freiwillige Helferin an. Noch bevor ich zu Ende gesprochen hatte, gab man mir einen Eimer und eine Schaufel. Ein anderer ehrenamtlicher Mitarbeiter namens Jeff führte mich hinter das heruntergekommene Gebäude und wies mich an, die Zwinger sauberzumachen.

Als ich mich eingearbeitet hatte, begann ich, den Tierschutzbeauftragten Alvin auf Einsätzen, bei denen es um Tiere ging, zu begleiten. Gemeinsam retteten wir viele vernachlässigte und misshandelte Tiere, und ich entwickelte ein immer stärkeres Gefühl der Verbundenheit zu Tieren.

Polizei, hier bin ich!

Eines Tages steckte ich wieder mal bis zu den Ellbogen in Hunden, während ich im Tierheim die Zwinger saubermachte, als der Sergeant auf mich zukam. In den Monaten davor war ich mit den Polizeibeamten mitgefahren und hatte allmählich das Gefühl, den Job zu kennen.

»Man hat mir viel Gutes über Sie erzählt«, sagte er. »Meine Kollegen haben mir gesagt, dass Sie bei den Einsätzen gute Arbeit leisten.«

Das Kompliment überraschte mich. Nach meinem Eindruck wurde das Meiste meiner ehrenamtlichen Tätigkeit von den höheren Rängen nicht weiter beachtet.

»Danke, das freut mich.« Ich schaute an mir herunter und merkte, dass ich von Kopf bis Fuß mit Hundehaaren übersät war. Vergeblich versuchte ich, die Haare abzuwischen. Bei seinen nächsten Worten fiel ich vor Überraschung fast hintenüber.

»Sie sollten es sich überlegen, ob Sie nicht ganz in den Polizeidienst gehen. Gute Leute wie Sie können wir in unserer Abteilung brauchen.«

Ich? Polizistin? Wie *bitte? Nie im Leben! Das ist total verrückt!* Ich hatte noch nie daran gedacht, Polizistin zu werden. Niemals!

In den darauffolgenden Wochen gingen mir seine Worte immer wieder durch den Kopf. *Allein daran zu denken ist schon verrückt,* dachte ich. Ich hatte noch nie eine Waffe abgefeuert. *Hmmm, die Einsätze und stressigen Situationen machen mir schon Spaß. Im Grund mache ich dieselbe Arbeit wie die Beamten, mit denen ich rausfahre – ich werde nur nicht dafür bezahlt. Vielleicht könnte ich es* ja doch tun.

Kapitel 4
Polizeigeschichten

Hunde sprechen sehr wohl, aber nur mit Menschen, die wissen, wie man ihnen zuhört.
– Orhan Pamuk

Im Sommer 2000 machte ich an der Polizeiakademie von Red Rocks die Abschlussprüfung mit dem Hauptfach Einsatzleitung bei Verhaftungen. Damals war ich sechsunddreißig – nicht mehr ganz taufrisch. Manchmal war es körperlich und psychisch sehr anstrengend, aber ich war für die Herausforderungen bereit, die der Job mit sich brachte. Es war zwar keine leichte Arbeit, doch ich konnte es kaum erwarten, am Abschlusstag mein Diplom überreicht zu bekommen.

Im September selbigen Jahres stellte mich das Büro des Sheriffs von Park County ein, und ich wurde die einzige Polizistin der Abteilung. Ich musste meine Mistgabel und die Gummistiefel wegpacken, da meine neue Aufgabe war, »die Bürger zu beschützen und ihnen zu dienen«.

Karen und ihre Mutter am Abschlusstag der Akademie.

Was zum Teufel war nur in mich gefahren?

Ich entwickle ein Gespür für die Zusammenhänge

Die kleine Abteilung des Sheriffs war nicht mit genügend Personal rund um die Uhr ausgestattet, und so verrichtete ich meinen Dienst oft ohne Kollegen. Da ich Einsätze alleine machte, lernte ich, Menschen und ihre Energie richtig zu lesen. Schließlich hing mein Leben davon ab. Ich musste zu einem Tatort hinausfahren und innerhalb von wenigen Minuten erfassen, was geschehen war, wer mich anlog, wer die Wahrheit sagte oder wer mir etwas Böses wollte.

Ich achtete auf unterschwellige Hinweise, wie beispielsweise die Augenbewegungen und Körpersprache der Tatverdächtigen. Mit der Zeit konnte ich spüren, wenn meine Intuition sich meldete, um mich zu schützen. Als frischgebackene Polizistin begann zum ersten Mal in meinem Leben alles einen Sinn zu ergeben.

Ich lernte auf meinen Instinkt zu hören, wenn ich fühlte, dass etwas nicht stimmte. So wie ich gespürt hatte, dass mein früherer Geschäftspartner unehrlich gewesen war, stimmte ich mich auf meine Gefühle ein und achtete bei jedem Fall, an dem ich arbeitete, auf sie.

Hoch oben in den Rocky Mountains erlebte ich ein spirituelles Erwachen. Allmählich erinnerte ich mich wieder an längst vergessene Gefühle und sensitive Fähigkeiten. Ich begann, die Schichten der materiellen Welt, in der ich so lange gelebt hatte, abzustreifen. Ich bewegte mich auf eine Welt der Energiefelder und sensorischen Wahrnehmung zu. Ohne es zu wissen, wachte meine Intuition auf der sensitiven Ebene auf.

Eine Katze findet den Täter

In dieser Zeit empfing ich die erste Botschaft von meinem Kater Beeza. Er sagte mir, dass er eine ernste Harnröhrenverstopfung habe. Wie sich herausstellte, stimmte das auch. Hier ist ein Ausschnitt aus meinem Buch *Hear All Creatures!*:

Als ich eines Samstagmorgens die Küche betrat, sah ich Beeza auf dem Fußboden liegen. Ich ging zur Küchentheke und fragte ihn laut: »Hallo, Beeza-Bee, wie fühlst du dich?«

Sofort hörte ich die Worte »Ich bin verstopft«, die mit meiner Stimme ausgesprochen wurden. Ich konnte sie so klar und deutlich hören, als hätte ich sie selbst gesagt. Aber das hatte ich nicht. Ich war gerade erst aufgewacht und dachte nur daran, Kaffee aufzusetzen.

Ich sah Beeza an und fragte ihn: »Hast du das gerade gesagt?«

»Ja. Ich habe eine Verstopfung!« Wieder konnte ich die Worte deutlich hören; sie klangen eindringlich.

Also brachte ich Beeza in die Tierklinik, wo festgestellt wurde, dass seine Blase voll war. Sie war tatsächlich verstopft. Glücklicherweise gelang es dem Tierarzt, die Verstopfung zu entfernen. Da wurde mir klar, dass die Tiere, denen ich an einem Tatort begegnete, mir wertvolle Informationen geben könnten. Das erste Mal, als ich bei einem Einsatz, bei dem es um häusliche Gewalt ging, eine Nachricht von einer Katze empfing, werde ich nie vergessen.

Während meine beiden Kollegen die Gegend nach dem Täter absuchten, der zu Fuß geflüchtet war, nahm ich die Aussage der Geschädigten entgegen.

Ich war gerade mit dem Ausfüllen der Unterlagen fertig, als eine Hauskatze hinter einer Blechhütte hervorkam. Sie sah mich an, warf einen Blick auf die Hütte hinter ihr und sagte: »Da drinnen.«

Unmöglich – konnte der Tatverdächtige wirklich in der Hütte sein? Hatten meine Kollegen etwa vergessen, sie zu durchsuchen? Konnte diese Katze mir tatsächlich sagen, wo sich der Tatverdächtige versteckte?

Vorsichtig näherte ich mich der Hütte und befahl dem Täter, mit erhobenen Händen herauszutreten. Und tatsächlich: Die Tür öffnete sich langsam und der Tatverdächtige kam mit erhobenen Händen heraus. Er hatte sich direkt vor unserer Nase in der schon vorher durchsuchten Hütte versteckt. Ohne die Katze wäre der Täter geflüchtet.

Ein Reh zeigt mir das Versteck des Täters

An einem anderen Abend kam ein Notruf herein. Es ging um einen bewaffneten Täter, der nach einem Unfall Fahrerflucht begangen hatte. Zwei Kollegen und ich rückten mit Sirene und Blaulicht aus. Mein Chef beauftragte mich, den Umkreis um das Fahrzeug zu sichern. Mein anderer Kollege und er fuhren mit Höchstgeschwindigkeit weiter, um den Täter zu suchen.

Allein in der Dunkelheit suchte ich von meinem sicheren Versteck hinter einer dicken Kiefer aus die Umgebung ab. Während ich den Kollegen über Funk zuhörte, sah ich ein paar Rehe auf einer Wiese. Sie hatten mich gewittert.

Die Rehe senkten die Köpfe und fraßen Gras, während sie mich im Blick behielten. Sie spürten, dass ich keine Bedrohung für sie darstellte, und näherten sich bis auf wenige Meter meinem Versteck. Meine Kollegen waren ungefähr einen Kilometer weitergefahren und berichteten, dass sie den Verdächtigen nicht finden könnten. Als die Rehe näher kamen, beobachtete ich, dass sie immer wieder in den Wald rechts von mir spähten. Obwohl sich die Polizisten links von mir befanden, richteten sie den Blick und die Ohren auf eine Stelle zu meiner Rechten.

Plötzlich kam mir der Gedanke: *Wo versteckt er sich*?

Es war nur ein Gedanke in meinem Kopf, aber dabei sah ich die Rehe an. Sofort hörte ich: »Baumstämme, hinter den Baumstämmen«, und das Bild eines gefällten Baums tauchte vor meinem geistigen Auge auf. Es war, als hätte ich es gedacht, aber es war nicht *mein* Gedanke. Ich dachte nicht an einen Baumstamm. Stattdessen dachte ich: *Was zum Teufel soll ich machen, wenn ich den Typ tatsächlich aufstöbere?*

Ich zog meine Waffe und zog mich lautlos in die Dunkelheit hinter dem Baum zurück. Vor mir lagen mehrere gefällte Bäume im Gras. Mein Herz hämmerte laut, während ich mich vorsichtig den Baumstämmen näherte. Ich konnte die Energie des Täters im Wald spüren.

»Ich arbeite für den Sheriff! Hände hoch!«, rief ich.

Ich weiß nicht, wo die Worte herkamen, die plötzlich aus mir heraussprudelten – mit einer Autorität, die selbst mich überraschte.

»Hände hoch, und zwar SOFORT!«, befahl ich.

Und dann passierte etwas Unglaubliches: Zwei Menschenhände schossen wie Toast aus dem Gestrüpp hoch.

Eine Stimme flehte: »Nicht schießen! Nicht schießen!«

Hastig gab ich über Funk bekannt, dass ich den Täter mit der gezogenen Waffe festhielt. Die Rehe waren schon längst in der Dunkelheit verschwunden. Ich legte ihm Handschellen an und ließ ihn auf dem Rücksitz des Streifenwagens Platz nehmen.

Meine Kollegen kamen angerast. Sie gratulierten mir und tätschelten mir den Rücken. »Super gemacht, Anderson!«, sagte der Sergeant. »Gute Arbeit geleistet! Woher wussten Sie denn, wo er steckte?« *Nun, das bleibt mein Geheimnis.*

Kapitel 5
Tiere am Tatort

Tiere wissen eindeutig mehr, als wir denken,
und denken viel mehr, als wir wissen.
– Dr. Irene M. Pepperberg, Ph. D.

Nachdem ich den Polizeidienst angetreten hatte, dauerte es nicht lange, bis die Tiere mir bewiesen, was für gute Augenzeugen sie sein können. Tiere sind ehrlich und unvoreingenommen – und sie zeigten mir genau, was passiert war. In sehr vielen Fällen erhielt ich von ihnen »sachdienliche Hinweise«; nur verriet ich niemandem, dass meine V-Leute vier Beine und eine Rute hatten.

In einem Fall sagte mir der Hund einer Familie, in welcher Richtung ich suchen sollte, als ein kleiner Junge im Nationalpark verschwand. Nur wenige Augenblicke später fand der Suchtrupp den Jungen unversehrt in der Gegend, die der Hund mir angezeigt hatte.

Bei einem Einsatz wegen häuslicher Gewalt verriet mir die Katze, dass der Täter nicht etwa der Mann, sondern die Frau war. Zuerst schien es, als wäre die Frau das Opfer, da sie Schnittverletzungen und blaue Flecken am Arm hatte. Wie sich später herausstellte, hatte sie sich die Schnittwunden selbst zugefügt, um es aussehen zu lassen, als hätte ihr Mann sie misshandelt.

Ein bewaffneter Mann

Nach einem Notruf rückte ich aus. Als ich am Tatort ankam, lag ein Mann blutüberströmt auf dem Boden und schwenkte eine Pistole in der Luft herum. Er sagte, er sei von Nachbarhunden angegriffen worden.

Als ich ihn fragte, was geschehen sei, erzählte er mir eine wirre Geschichte, die keinen Sinn ergab. Seine eigenen Hunde befanden sich im Haus; daher fragte ich sie stumm, was passiert sei. Wie sie mir berichteten, war der Mann der Angreifer. Er war brutal auf die Nachbarhunde losgegangen.

Anscheinend hatte er sich darüber aufgeregt, dass die Hunde des Nachbarn in seinem Garten Haufen hinterlassen hatten. Frustriert war er ihnen hinterhergelaufen und hatte immer wieder mit einer Schaufel auf sie eingeprügelt. Im Kampf hatten die Hunde ihn zu Boden geworfen und ihn angegriffen.

Zum Glück bestätigte ein Augenzeuge die Vorgänge, und so brauchte ich in meinen Bericht nicht hineinzuschreiben: *Ich habe die Hunde zum Tathergang befragt, und sie haben die Schuld des Mannes bestätigt.*

Ein alter Bluthund

Eines Tages wurde uns über Funk mitgeteilt, dass ein alter Mann tot in seiner Wohnung aufgefunden worden war. Bei einem Toten ohne Augenzeugen weiß man nie, ob es sich um Mord, Selbstmord oder einen natürlichen Tod handelt. Daher muss der Fundort sehr sorgfältig gesichert werden.

Die Sanitäter hatten schon versucht, den Mann wiederzubeleben, doch es war zu spät. In seiner Wohnung herrschte das blanke Chaos: Möbel waren umgestoßen worden und überall waren Gegenstände verstreut. Es sah so aus, als wäre der alte Mann Opfer eines brutalen Überfalls gewesen.

Während ich den Tatort mit Klebeband versiegelte, entdeckte ich einen alten Bluthund, der geduldig auf der Terrasse lag und wartete. Er beachtete die hektischen Beamten nicht weiter und behielt nur die

Terrassentür im Auge. Ich sah, wie hungrig der Hund war, und daher holte ich ein paar Hundeleckerchen aus dem Streifenwagen, die er herunterschlang.

Während ich auf den Mitarbeiter des örtlichen Tierheims wartete, fragte ich den Hund, was passiert war. Der Hund berichtete mir, dass sein Herrchen allein im Haus gewesen war, als er anfing, vor Schmerzen laut zu schreien. Wie der alte Hund mir erzählte, hatte er wiederholt lautes Poltern gehört – und dann war alles still gewesen. Er sagte, sein Herrchen sei danach nicht mehr auf die Terrasse gekommen. Ich dachte, der Hund hätte sich geirrt, da in der Wohnung eine solche Unordnung herrschte.

Wie der Pathologe später feststellte, hatte der alte Mann einen schweren epileptischen Anfall erlitten, da er die verschriebenen Medikamente nicht genommen hatte. Während der heftigen Krämpfe hatte er die Möbel umgeworfen, so dass die Wohnung wie der Tatort eines Überfalls ausgesehen hatte.

Der alte Hund hatte recht behalten. Diese Erfahrung lehrte mich, dass die Tiere genaue Details eines Vorfalls aus ihrer Sicht liefern können. Diese Fälle waren die Sprungbretter auf meinem späteren Weg zum sensitiven Medium.

Kapitel 6
Von der Polizistin zum Medium

Solange man kein Tier geliebt hat, schlummert ein Teil der eigenen Seele im Dunkeln.
– Anatole France

Ein paar Jahre später beschloss ich, den Polizeidienst zu quittieren und in die Gegend von Spokane im Bundesstaat Washington zu ziehen. Die Entscheidung fiel mir nicht leicht, da mir die Polizeiarbeit viel Spaß machte, doch die Täter wurden immer jünger, während ich selbst immer älter wurde. Mir war klar, dass ich in der Gegend von Spokane nicht mehr als Polizistin arbeiten konnte, und so wandte ich mich wieder dem zu, was mir vertraut war. Nein, diesmal nicht dem Pferdemist – ich arbeitete wieder im Kreditwesen.

Mein Leben steckt fest

Eine merkwürdige, beunruhigende Zeit brach an. Wie sehr ich mich auch bemühte – ich hatte keine Ahnung, wie meine Zukunft aussehen sollte. Es fühlte sich an, als würde ich im Schwebezustand stecken, ohne es abschütteln zu können. Ich schleppte mich durch den Alltag und arbeitete in einem Job, der mir keinen Spaß machte. Selbst das, was mir so viel Freude bereitet hatte – die Verbundenheit zu Tieren –, wurde allmählich zur Anstrengung.

Nebenbei hielt ich Tierkommunikations-Sessions ab, um meine Fähigkeiten zu verfeinern, doch ich spürte, dass viele Leute meiner sensitiven Arbeit gegenüber negativ eingestellt waren. Mehrere meiner Freunde beschuldigten mich, böse zu sein und schwarze Magie anzuwenden. Solche Bemerkungen waren sehr verletzend.

Nichts lief so, wie es sollte. Ich hasste meine Arbeit, mit meiner Beziehung ging es bergab, und die paar Freunde, die mir geblieben waren, hielten mich für eine Hexe. Mein Leben steckte fest.

Als ich dachte, ich sei ganz unten angekommen, erhielt ich eine Einladung zu einem Grillfest in Spokane, das am Nationalfeiertag, dem 4. Juli, stattfand.

Mittlerweile hatte ich die wegweisende Richtung verloren und meinen Lebenssinn vergessen. Hier kommt mein erstes Buch, *Hear All Creatures!,* wieder ins Spiel. Auf dem Grillfest traf ich auf eine kleine weiße Taube. Durch ihre Botschaft verstand ich, wie wichtig es für mich war, weiter als Tierkommunikatorin zu arbeiten. Dieser Wendepunkt änderte alles.

Hier ist ein Ausschnitt aus meinem Buch:

Wir saßen auf einer Terrasse im Schatten, als der Gastgeber mich fragte, ob ich den Wildvogel sehen wollte, den seine Nachbarin versorgte. Anscheinend hatte sie den kleinen Glückspilz aus dem Maul einer ihrer Katzen gerettet und pflegte ihn nun wieder gesund. Da die Nachbarin Terri wusste, wie sehr ich Tiere liebe und dass ich mit ihnen kommunizieren kann, lud sie mich dazu ein, hinüberzukommen und mir den Vogel anzusehen.

Ein paar unserer Gruppe gingen nach nebenan. Kurz darauf kam Terri mit einer wunderschönen weißen Taube auf dem Zeigefinger ins Zimmer.

Ich hörte Terris Schilderung zu, wie sie den Vogel aus dem Maul der Katze gerettet hatte, und streckte der stillen, ruhigen kleinen Taube den Finger hin. Zu meinem Erstaunen kletterte sie ohne zu zögern auf meinen Finger. Dort saß sie ganz still da, obwohl ein paar Kinder durchs Wohnzimmer stürmten und fragten, ob sie die Taube streicheln dürften.

»Frag sie, ob sie ihr Futter mag!«, rief ein kleiner Junge.

»Und ob ihr der Käfig gefällt!«, fügte ein zweiter Junge aufgeregt hinzu.

Die ganze Familie versammelte sich in meiner Nähe, um zu hören, was die Taube zu sagen hatte. Schweigend sprach ich meinen Segen und ein Gebet. Dann bat ich sie um die Erlaubnis, mit ihr kommunizieren zu dürfen.

Zu meiner Überraschung sah mich die Taube mit schrägem Kopf an und antwortete mental: »Ich habe dich schon erwartet.«

»Was sagt sie denn? Was sagt sie?«, schrien die Kinder fast einstimmig.

»Du bist es wirklich«, sagte sie ruhig. »Der Mensch, der mit Tieren spricht«, fügte sie in nüchternem Ton hinzu. »Ich habe dich schon erwartet. Sag ihnen, das Futter ist in Ordnung, aber sie sollen bitte die Katzen von meinem Käfig fernhalten. Und ich wäre lieber weiter oben.«

Ich wiederholte, was die Taube mir über ihr Futter gesagt hatte. Terri bestätigte, dass die Taube in einer Hundebox auf dem Fußboden untergebracht war, und dass die Katzen ihre Pfoten hineinstecken konnten. Da ich nicht sicher war, was die Taube mit »Ich habe dich schon erwartet«, meinte, erwähnte ich es nicht.

»Sie will die Katzen nicht in ihrer Nähe haben. Vielleicht können Sie den Käfig höher stellen«, schlug ich vor und wandte mich wieder der Taube zu.

»Wo kommt sie her?«, fragte einer der Jungen.

»Von oben«, erwiderte die Taube still.

»Hat sie eine Familie? Will sie wieder nach Hause fliegen?«

Ihre Fragen überschlugen sich.

»Ich komme von oben – aus dem Himmel. Ich bin gekommen, um dich zu treffen. Ich habe auf diesen Augenblick gewartet«, sagte die Taube, während sie ruhig auf meiner Fingerspitze hockte.

Ich spürte einen plötzlichen Luftschwall. Es war keine Brise, sondern etwas in meinem Inneren. Die Stimmen der Familie rückten in die Ferne, und dann hörte ich nur noch die Taube, die zu mir sprach.

Sie sah mir in die Augen und erklärte: »Ich bin gekommen, um dir zu sagen, dass du der Stimme deines Herzens folgen musst, dass du deinen Weg gehen musst, mein Kind. Ich bin wegen dir gekommen; es ist deine Berufung. Tief in deinem Herzen weißt du das. Du weißt, was du tun musst.«

»Was hat sie gesagt? Wie heißt sie denn?« Die Kinder stellten immer weitere Fragen, doch ich konnte den Blick nicht von der Taube abwenden.

»Du kämpfst gegen Widrigkeiten und Negativität an«, sagte sie.

In diesem Moment fielen mir die verletzenden Bemerkungen der anderen wieder ein. Mir liefen Tränen über die Wangen – nicht, weil ich traurig war, sondern weil ich es verstand.

»Du hast dich in letzter Zeit davon entfernt, nicht wahr?«, fragte die Taube.

»Ja«, antwortete ich über Telepathie. Die Erfahrungen, die ich in letzter Zeit gemacht hatte, rollten wie in einem Kurzfilm im Geiste ab. Ich betrachtete mich aus der Perspektive einer Außenstehenden, fast so, als würde ich dem Ablauf der Vergangenheit noch einmal zusehen. Ich spürte, wie meine Ängste und Zweifel wieder hochkamen, und fühlte die Stiche, wenn meine Bekannten gehässige Bemerkungen über meine Kommunikationsfähigkeiten machten.

»Mein Kind, hat die Hand Gottes dich schon jemals berührt?«, fragte die weiße Taube. Ich spürte, wie die Wärme ihrer Klauen durch meine Hand in den Arm strömte. Es fühlte sich friedlich und tröstlich an.

»Ich glaube nicht. Daran würde ich mich sicher erinnern«, stammelte ich in Gedanken und suchte nach Worten.

»Du sollst wissen, dass seine Hand dich berührt hat«, sagte der Vogel. »Du bist ein Kind Gottes. Tief in deinem Herzen weißt du, dass du deine Arbeit fortsetzen musst. Keine Sorge, mein Kind, sie ist deine Aufgabe in diesem Leben.«

Ich blieb eine gefühlte Ewigkeit wie verzaubert stehen. Die Kinder warteten ungeduldig auf die Antworten der Taube, doch ich brachte kein Wort heraus. Ich wusste nicht, wie ich ihnen erklären sollte, dass die Botschaften der Taube für mich bestimmt waren.

»Frag ihn, wie er heißen will«, forderte eines der Kinder ungeduldig, da ich schon zu lange geschwiegen hatte.

»Sag ihnen, ich hätte gern einen würdevollen Namen«, sagte die Taube.

»Er hätte gern einen würdevollen Namen«, stammelte ich und rang um Fassung. Wie ich später erfuhr, taufte die Familie ihn Noah. Er lebt noch heute bei ihnen in seinem schönen Käfig hoch genug, um vor den Katzen sicher zu sein.

In genau dem Moment, in dem ich ihn am meisten brauchte, schickte mir das Universum Noah, und dadurch änderte sich mein ganzes Leben.

Die Energie fließt dahin, wo die Aufmerksamkeit ist

Wenn ich an diese schwierigen Zeiten zurückdenke, ergibt alles einen Sinn. Wenn die Dinge nicht gut laufen, wenn man immer wieder auf Hürden stößt, dann versucht das Universum vermutlich, einem damit zu sagen, dass man auf dem Holzweg ist. Damals hatte ich mich so weit von meinen Begabungen, meinen Bedürfnissen und mir selbst entfernt, wie es nur möglich war.

Es gibt ein englisches Sprichwort, das besagt *Die Energie fließt dahin, wo die Aufmerksamkeit ist.* Meine Energie floss in die völlig verkehrte Richtung. Ich war unter dem Alltagsstress verschüttet, und ich hatte mich verrannt. Ich hatte vergessen, wer ich bin und was ich tue. Und ich hatte aufgehört, mit Tieren zu kommunizieren. Ich hatte die Bedürfnisse aller anderen über meine eigenen gestellt. Es war höchste Zeit, das zu ändern.

Ein ganz neues Selbstgefühl

Nach den Botschaften, die die Taube Noah mir überbrachte, begann ich, meine Energie neu auszurichten. Ich richtete meine ganze Aufmerksamkeit wieder auf mich und schärfte meine Gabe als Tierkommunikatorin. Jetzt war ich meine oberste Priorität – kein anderer, nur ich. Ich bekam ein ganz neues Selbstwertgefühl und fühlte mich zum ersten Mal seit langem wieder lebendig.

Es war ein sehr mutiger Schritt, als ich meinem gutbezahlten Job in der Firma den Rücken kehrte. Das war das Beste, was ich je getan habe. Danach lief alles wie am Schnürchen.

Ich begann, Unterricht zu geben und Sessions auf paranormalen Veranstaltungen und Messen abzuhalten. Schon bald bekam ich neue Klienten. Alles kam ins Rollen und das Universum lächelte auf mich herab. Dank einer kleinen weißen Taube war ich wieder auf dem richtigen Weg.

Kapitel 7
Ich bin eine Sensitive und ein Medium

Wie kommt es, dass Tiere Dinge verstehen, von denen ich nichts weiß, die sie jedoch ganz sicher verstehen.
– Frances Hodgson Burnett

Ich betrachte mich als Sensitive und Medium. Ein sensitiv Begabter ist jemand, der Dinge über Menschen und Situationen fühlen kann, die weit über die fünf Sinne hinausgehen. Ein Medium ist jemand, der mit verstorbenen Seelen sprechen kann. Nicht alle sensitiv Begabten sind medial begabt, und nicht alle medial Begabten sind sensitiv. Zufällig bin ich beides.

Als Sensitive verlasse ich mich auf all meine Sinne, um Informationen für meine Klienten zu empfangen. Die fünf Alltagssinne sind Sehen, Hören, Schmecken, Riechen und Fühlen.

Als Medium besitze ich die Fähigkeit, Mitteilungen von verstorbenen Tieren und Menschen zu erhalten. Ich nehme auf direkte Weise Kontakt zu ihnen auf, ähnlich eines Telefonanrufs.

Es gibt auch noch weitere Sinne, die manchmal der sechste Sinn genannt werden und über die man noch detailliertere übersinnliche Informationen empfangen kann. Unter diesen Extrasinnen sind auch die fünf »Hellsinne«.

Die fünf Hellsinne

Die fünf wichtigsten Hellsinne werden Clairvoyance/Hellsehen, Clairaudience/Hellhören, Claircognizance/Hellwissen, Clairsentience/Hellfühlen und Clairalience/Hellriechen genannt. Die meisten sensitiv

Begabten verlassen sich bei der Arbeit auf diese übersinnlichen Wahrnehmungen. Ein Hellsinn muss nicht unbedingt besser sein als ein anderer, und diese Fähigkeiten können sich mit der Zeit verändern oder erweitern. Achten Sie darauf, wie Sie Informationen empfangen! So können Sie Ihren am stärksten entwickelten Hellsinn herausfinden.

Hellsehen

Clairvoyance ist, wenn Sie, ähnlich wie bei Tagträumen, im Geiste Bilder von Dingen sehen, von denen Sie eigentlich nichts wissen können.

Hellhören

Sie sind hellhörend, wenn Sie Worte, Geräusche oder Gedanken in Ihrer eigenen Stimme hören, obwohl Sie wissen, dass es sich nicht um Ihre eigenen Gedanken handelt. Übersinnliche Geräusche und Informationen aus der geistigen Welt können auch in der Stimme eines anderen kommuniziert werden.

Hellwissen

Hellwissen ist, wenn Sie Dinge über Menschen oder Ereignisse spüren, die Sie normalerweise nicht wissen können. Vorahnungen oder das seltsame, beunruhigende Gefühl, dass gleich etwas passieren wird, sind Beispiele für Hellwissen.

Hellfühlen

Wenn Sie die Emotionen oder den körperlichen Schmerz anderer fühlen können, nennt man das Clairsentience. Sehr empathische

Menschen oder Leute, die von Natur aus sensibel auf Gefühle reagieren, sind oft hellfühlend.

Hellriechen

Man nennt es Clairalience, wenn Sie den Geruch des Parfüms, des Zigarren- oder Zigarettenrauchs eines Verstorbenen riechen können. Wenn es keine natürliche Ursache für das Vorhandensein solcher Gerüche gibt, sind es unsere übersinnlichen Fähigkeiten, die (sich) auf die Gegenwart eines Geistwesens einstimmen/reagieren.

Hellschmecken

Diesen Clair-Sinn versuche ich zu vermeiden, wenn ich mit Tieren arbeite. Ich muss nicht unbedingt wissen, wie der Müll schmeckt, in dem ein Hund nach Essbarem sucht. Einmal ließ mich eine Katze wissen, wie eine Maus schmeckt. Seitdem achte ich darauf, dass mir das nie wieder passiert.

Jeder von uns besitzt die Fähigkeit, seine Extrasinne bewusst wahrzunehmen. Mit der Zeit können Sie einen oder alle Sinne schärfen. Dafür müssen Sie nur üben und darauf achten, wie Sie Informationen empfangen.

Smudgie

Während einer Session mit einer verstorbenen Katze namens Smudgie konnte ich fast alle Hellsinne anwenden, um bestimmte Mitteilungen des süßen Kätzchens zu sehen, zu hören und zu fühlen. Smudgie forderte mich auf, das Wort *Marshmallows* auszusprechen. Anschließend schickte sie mir das Bild einer Schachtel oder eines

Geschenkpäckchens. Und am Schluss sandte sie mir das starke Gefühl von Aufregung und Freude.

Smudgie

Als ich ihre Katzenmama Emma fragte, was es mit den Marshmallows und dem Päckchen auf sich hatte, musste sie lachen. Sie gestand mir, dass sie sehr aufgeregt war, weil sie gerade eine bestimmte Sorte Marshmallows für Ostern bestellt hatte.

Die detaillierte Botschaft verblüffte uns beide. Offensichtlich war Smudgie dabei gewesen, als ihr Frauchen die Marshmallows bestellt hatte – und das Päckchen wurde am nächsten Tag zugestellt.

Kapitel 8
Telepathie – die Grundlage der Tierkommunikation

Man weiß nicht, welche Telepathie zwischen Mensch und Tier existiert.
– Tippi Hedren

Die Kommunikation mit einem lebenden oder toten Tier beruht hauptsächlich auf Telepathie oder gedanklicher Kommunikation. Telepathie ist eine Methode, mit der Gedanken ohne Rede oder Körpersignale direkt von einem Geist an den anderen kommuniziert werden. Mitteilungen werden auf übersinnlichen Wegen versendet und empfangen. Es hat ein wenig mit Quantenphysik und den Kräften der Materie und Energie zu tun. Stellen Sie es sich einfach so vor: Um Auto zu fahren, müssen Sie nicht wissen, wie der Motor in Ihrem Auto funktioniert. Sie brauchen auch nicht zu wissen, wie Ihr Handy funktioniert, um damit zu telefonieren.

Dasselbe gilt auch für die Tierkommunikation. Sie brauchen nicht zu wissen, wie sie aus wissenschaftlicher Sicht funktioniert. Sie müssen nur darauf vertrauen, *dass* sie funktioniert. Ich rate Ihnen, sich mehr mit Telepathie und Quantenphysik auseinanderzusetzen, um noch mehr über diese faszinierenden Themen zu lernen. Doch für den Augenblick möchte ich mich nicht weiter darin vertiefen.

Schaffen Sie einen liebevollen Raum, in dem Sie Seelen willkommen heißen.

Durch Meditation schaffe ich die perfekte Atmosphäre, in der ich eine Sitzung abhalten kann. Durch das Meditieren entsteht ein liebevoller Raum voller Frieden und Dankbarkeit, in dem sich alle Beteiligten wohlfühlen. Um das Tier sehen, hören oder fühlen zu können, muss seine Energie mir nahe sein.

Die Energie des Tiers ist von einer weißen Lichtkugel umgeben, wenn sie eintrifft. Diese leuchtende Schutzhülle kommt von Gott, unserem himmlischen Schöpfer. Sie besteht aus einer starken, leuchtenden Energie, die während der Sitzung für die Trennung und Sicherheit aller Energien sorgt.

Ich kann spüren, wie sich die Energien des Tiers einreihen, ähnlich wie sich Flugzeuge beim Anflug in ein Flugmuster einreihen. Oft komme ich mir vor wie ein Fluglotse, der versucht, die Mitteilungen eines jeden Tiers auseinanderzuhalten, während weitere Geistwesen durchkommen. Tiere müssen nicht erscheinen, wenn sie es nicht wollen, doch meistens freuen sie sich über die Gelegenheit zur Kommunikation.

Sie können einen Teil ihrer Gestalt oder die ganze Gestalt annehmen. Manchmal sehen sie genauso aus wie früher in ihrem irdischen Leben. Mitunter sehe ich sie gar nicht, sondern spüre sie nur. Häufig fühle ich, wie ein Hund mich mit der Schnauze anstupst, eine Katze sich an meinem Bein reibt oder ein Pferd mit dem Huf aufstampft. Da ich über ein Foto des Tiers die Verbindung zu ihm aufnehme, hält es womöglich mitunter die vollständige Manifestation seiner Gestalt für überflüssig. Jedes Haustier ist einzigartig, und manche von ihnen nutzen ihre Energie lieber für anderes, wie beispielsweise das Senden von Botschaften.

Ich hatte bisher nur wenige Fälle, in denen ich ein Tier dazu bringen musste, mir eine Mitteilung zu schicken. In diesen Fällen war das Tier entweder verängstigt, desorientiert oder schwerverletzt. Meistens freuen sie sich sehr, ihre liebevollen Botschaften an Sie übermitteln zu können.

Kapitel 9
Wie Tierkommunikation funktioniert

Energie lässt sich weder erschaffen noch zerstören;
sie kann nur von einer Form in die andere umgewandelt werden.
– Albert Einstein

Es gibt noch ein paar andere Methoden, mit denen man Verbindung zu einem verstorbenen Haustier aufnehmen kann. Manche Leute nehmen während einer schamanischen Reise – einer uralten Form des veränderten Bewusstseins mit Hilfe von rhythmischem Trommeln oder Rasseln – Kontakt zu ihnen auf. Andere verbinden sich mit der Unterstützung ihrer Geistführer oder durch Meditation mit ihrem Tier. Es ist alles eine Frage der Vorliebe oder Übung, und eine Methode muss nicht unbedingt besser sein als die andere. Wir alle erhalten auf unterschiedliche Weise Informationen aus der geistigen Welt; deshalb hängt es davon ab, wie wir die Informationen am deutlichsten empfangen können.

Wie schon erwähnt, nutze ich ein Foto, um die Verbindung zu einem verstorbenen Tier aufzunehmen. Durch die Verwendung eines Fotos kann ich die Energie eines Tiers wählen, so als würde ich seine Handynummer eintippen. Ein Foto ist nicht immer notwendig, denn manchmal erscheint ein Tier von sich aus in einer Session. Mitunter reicht auch eine Beschreibung des Tiers, um Kontakt zu ihm aufnehmen zu können.

Als Sensitive lese ich die Energie. Diese Energie existiert um uns herum, und sie hält die Welt am Leben. Die Seele eines Tiers – oder seine Energie – enthält alle Erfahrungen, die es im Leben hier auf der Erde gemacht hat, und auch alle Erinnerungen aus früheren Leben.

Wenn die Tierseele den Körper im Augenblick des Sterbens verlässt, nenne ich diesen Vorgang den Übergang – dann geht es von unserer irdischen Dimension in die geistige Welt über. Die Seele lässt den Körper zurück und geht in seine neue Existenz als energetisches Wesen über.

Tatsächlich fällt es mir leichter, mich mit einem verstorbenen Tier zu verbinden als mit einem lebenden Tier, da es keinen physischen Körper mehr hat, der die Überbringung seiner Mitteilungen stört. Übergegangene Tiere bestehen aus reiner Energie, und ohne physische Störquellen entsteht sofort die Verbindung.

Tiere senden Mitteilungen in Bilderform

Häufig schicken Tiere Bilder, um damit einen Gedanken oder eine Botschaft zu überbringen. Solche Bilder können variieren und alles – von ihrem Lieblingsspielzeug bis hin zu einer Person oder einen besonderen Ort – darstellen. *Wenn sie es sehen können, dann können sie es auch senden.*

Denken Sie beispielsweise an Ihre Lieblingsspeise. Stellen Sie sich vor, wie sie aussieht. Ist es ein Stück Kuchen oder ein Eisbecher? Vielleicht ist es eine Schüssel Spaghetti. Vermutlich haben Sie es vor Ihrem geistigen Auge, obwohl Sie gerade diese Seite lesen. Achten Sie darauf, wie das Bild, das Ihnen gerade gekommen ist, wieder verschwindet, wenn Sie sich wieder auf das Buch konzentrieren.

So senden Tiere Bilder aus. Das geschieht mit Blitzgeschwindigkeit, und genauso schnell kann sich das Bild auch wieder auflösen. Indem ich auf die Bilder achte, kann ich beschreiben, was ich sehe, und meinen Klienten die Botschaft überbringen.

Brie und das Metermaß

Die verstorbene Katze Brie schickte mir das Bild eines Metermaßes, während ich auf den Anruf ihres Frauchens wartete, um mit der Sitzung zu beginnen. Das Bild verwirrte mich ein wenig, und so hakte ich bei Rachel nach, welche Bedeutung das Metermaß für sie hatte.

Anscheinend hatte Rachel kurz vor unserer Sitzung ihre Matratze ausgemessen, um passende Laken kaufen zu können. Während sie das Metermaß in der Hand hielt, sah sie Bries Lieblingskissen auf dem Bett und dachte an ihre wunderschöne Katze und wie schmerzlich sie Brie vermisste. Brie griff die Gedanken ihrer Katzenmama auf und schickte mir das Bild des Metermaßes. Damit konnte sie ihrem Frauchen auf wunderbare Weise mitteilen, dass sie auf ihrem Lieblingskissen gesessen hatte und Rachel beim Ausmessen der Matratze zugeschaut hatte.

Zusätzlich zu Bildern können Tiere auch einen Gedanken oder einen kleinen Film senden. Das ist dann so, als würde im Kopf das Video eines Ereignisses oder einer Situation ablaufen.

Stellen Sie sich vor, Sie betreten ein Elektrogeschäft, in dem auf lauter Fernsehbildschirmen große bunte Bilder ausgestrahlt werden. Manche Bilder ergeben sofort einen Sinn, aber andere Bilder kann ich nicht verstehen. Häufig sehe ich die Dinge aus dem Blickwinkel des Tiers. Da die meisten Tiere viel näher am Boden sind, schicken sie Bilder aus ihrer Perspektive. Sobald ich beschreibe, was das Tier mir zeigt, kann mein Klient gewöhnlich die Bedeutung der Botschaft erkennen.

Wie Tiere Wörter der menschlichen Sprache senden

Die Sprache der Tiere zu erlernen ist dasselbe, als würde man eine neue menschliche Sprache lernen. Wenn Sie in ein fremdes Land gehen und nicht die Landessprache sprechen, müssen Sie auch lernen, was jedes Wort bedeutet. Dieser Übersetzungsvorgang ist mitunter langsam und anstrengend, da Sie jedes einzelne Wort nachsehen müssen. Je mehr Zeit Sie jedoch in dem Land verbringen, umso mehr werden Sie die Sprache beherrschen.

Durch Übung wird das Übersetzen leichter und die Wörter fallen Ihnen allmählich von allein wieder ein. Ihr Gedächtnis speichert die neu erlernten Wörter und Symbole. Dann können Sie die gespeicherten Wörter abrufen und anfangen, Wörter und Sätze schneller zu übersetzen. Derselbe Prozess läuft auch beim Erlernen und Verstehen der Tiersprache ab.

Wenn ein Tier eine Mitteilung sendet, enthält sie eine energetische Eigenschaft oder einen Eindruck. Dieser Eindruck, der einem Gedanken gleicht, wird mir telepathisch zugeschickt – ähnlich wie eine E-Mail.

Entfernung und Zeit sind keine Hindernisse

Entfernung und Zeit stellen keine Hindernisse dar; daher können energetische Mitteilungen sofort über große Distanzen empfangen werden. Sobald ich die Botschaft erhalte, kann ich den Eindruck mit Hilfe meiner gespeicherten Wörter und Symbole übersetzen. Da ich mit meinem inneren sensitiven Ohr höre, werden die Botschaften in Geräusche, Wörter oder Sätze übersetzt, die ich verstehen kann. Dieser Übersetzungsprozess entwickelt sich mit der Zeit durch genügend Übung.

Wie kann es sein, dass Tiere meine Sprache sprechen?

Es mag ja schön und recht sein, wenn man eine menschliche Sprache lernt – aber Tiere sprechen nun mal kein Deutsch. Wie können sie dann menschliche Wörter senden? Vereinfacht gesagt entsteht der Übersetzungsprozess, weil ich eine Beziehung zu meinen Geistführern aufgebaut haben, die mir die tierische Botschaft in einem mir verständlichen Format liefern.

Geistführer sind körperlose Wesen, die über uns wachen und uns durchs Leben navigieren. Wir alle haben Geistführer, auch wenn wir uns ihrer Anwesenheit nicht bewusst sind. Manche Geistführer werden uns vor unserer Geburt zugewiesen und bleiben bis zum Tod an unserer Seite. Andere führen uns nur über einen gewissen Zeitraum und kommen, wenn wir in eine bestimmte Situation geraten. Ich habe drei ständige Geistführer, mit denen ich zusammenarbeite. Jeder von ihnen hat eine andere Aufgabe oder Art Fachgebiet bei der Hilfe, mich mit den Tieren zu verbinden.

Miki, die Katze aus Japan

Vor vielen Jahren kontaktierte mich meine Klientin Kyoko aus Japan, als ihre Katze Miki spurlos verschwand. Es überraschte mich, als ich Mitteilungen der Katze in englischer Sprache erhielt. Nun spreche ich kein Japanisch und wusste bis zu diesem Augenblick nicht, ob ich Mikis Botschaften verstehen würde. Doch aufgrund des Übersetzungsprozesses schickten meine Geistführer mir die Botschaften in Form meiner Symbole und Zuordnungen. So konnte ich jedes Wort verstehen – und Miki wurde nur wenige Häuserblocks entfernt gefunden.

Murungu

Wenn Tiere nicht wissen, wie sie etwas erklären sollen, senden sie Bilder der Mitteilung, die sie überbringen möchten. Das war auch bei Murungu, einem vierzehnjährigen Doggenmischling, der Fall. Kurz nach seinem Übergang erhielt ich Murungus Energie in Verbindung mit den Eltern seines Frauchens Diana, die auch schon verstorben waren.

Diana war überglücklich, als sie hörte, dass die Eltern ihn beim Übergang in Empfang genommen hatten. Während der Sitzung wies Murungu mich an, über sein Handtuch oder seine Decke zu sprechen, und sagte mir, sie sei an einem bestimmten Platz. Er konnte mir nicht beschreiben, was es war, und zeigte mir daher ein Auto. Wie Diana bestätigte, hatte sie aus seiner Hundedecke einen Bezug für ihren Autositz genäht, damit er auch beim Autofahren immer bei ihr sein konnte. Murungu bat mich auch, eine Sitzbank zu erwähnen. Während unseres Telefongesprächs saß Diana zufällig auf einem Bänkchen in ihrem Wintergarten.

Tiere senden Emotionen

Emotionen gehören zu den häufigsten Wegen, auf denen Tiere eine Botschaft überbringen. Ob noch lebend oder schon gestorben – Tiere können eine energetische Nachricht aussenden, die unterschiedliche Gefühle beinhaltet. Ein Beispiel der Kraft der Emotionen ist, wenn Sie einen Raum betreten, in dem ein Streitgespräch stattgefunden hat: Die Luft ist so dick, dass man sie mit einem Messer schneiden könnte. Obwohl der Streit vorüber ist, bleibt die emotionale Energie im Raum stehen.

Ein Ausbruch von Emotionen

Während einer meiner Tierkommunikations-Workshops in North Carolina übte eine Frau namens Barbara ihre Kommunikationsfähigkeit an einem verstorbenen Kater, der Vito hieß. Plötzlich brach sie in Tränen aus und konnte gar nicht mehr aufhören zu schluchzen. Verlegen und emotionsgeladen erklärte sie, dass sie sich verlassen fühlte, ohne uns sagen zu können, warum sie das empfand. Wie sie sagte, hatten diese mächtigen Emotionen sie wie hohe Wellen überrollt. Leon, der Besitzer des Katers, erklärte, was geschehen war.

Seine Frau und er waren beide beim Militär und in Übersee stationiert. Sie konnten Vito nicht mitnehmen und waren verzweifelt, da sie ihn wie ihr eigenes Kind liebten. Ein Bekannter von ihnen nahm die Katze auf, und sie mussten Vito leider zurücklassen. Leon berichtete, dass sie um ihn wie um ein Kind getrauert hatten.

Ungefähr vier Wochen später rannte Vito zur Tür hinaus und verschwand. Er wurde nie gefunden, und Leon hatte keine Ahnung, was aus ihm geworden war. Er und seine Frau hatten ihre Trauer um den Verlust nie überwunden und hielten immer noch an ihm fest, als sei das Ganze erst gestern geschehen.

Als ich hörte, was passiert war, öffnete ich einen Raum für die Energie des Katers, in dem sie zu uns fließen konnte. Ich erklärte Vito, was geschehen war und warum seine Menschen ihn vor all den Jahren zurücklassen mussten. Leon bekam endlich die Gelegenheit, seinen Gefühlen und seiner Liebe für seinen Kater Ausdruck zu verleihen.

Schon nach wenigen Minuten setzte der Heilungsprozess ein, und die Luft im Raum wurde leichter und weicher. Die emotional aufgeladene Atmosphäre wurde ruhiger, und ich sah, wie Leon und Vito aus ihren schmerzhaften Erinnerungen an einen friedlichen Ort übergingen.

Barbara hatte zwar Vitos Emotionen aufgegriffen, doch sie konnte nicht erkennen, was der Grund dafür war. Nachdem die Kommunikationsleitungen frei waren, konnten alle verstehen, was geschehen war. Der Schmerz war weg. Die magischen Heileffekte der Kommunikation mit Tieren erstaunen mich immer wieder.

Kapitel 10
Wie Sie tierische Geistwesen hören und sehen können

Die Augen eines Tiers haben die Fähigkeit, eine großartige Sprache zu sprechen.
– Martin Bube

Am Anfang meiner Tätigkeit als Tierkommunikatorin bildete ich mich vor allem autodidaktisch weiter. Ich beobachtete das Verhalten der Tiere und las alle Bücher, die ich über die sensitive Weiterentwicklung finden konnte. Irgendwann in dieser Zeit entdeckte ich das berühmte Medium John Edward. Ich nahm alle Episoden seiner Fernsehsendung *Crossing Over* auf Video auf und sah sie mir immer wieder an.

Dadurch, dass ich mir Johns Techniken genau ansah und seiner Methode, Botschaften zu übermitteln, zuhörte, lernte ich viel. Da John hauptsächlich hellhörend ist – er kann Geistwesen sprechen hören –, baute ich meinen eigenen Stil auf dieser Methode auf. Mein Hauptziel war, die Tiere sprechen hören zu können, und so entwickelte ich durch Üben ein feines sensitives Gehör.

Vor vielen Jahren gab ich auf einer parapsychologischen Messe in Spokane eine Lesung. Eine Frau namens Kacy, die unter den Zuhörern war, zeigte mir ein Foto ihrer Hündin Bella. Sobald ich Bellas Bild betrachtete, hörte ich die Hündin »Nervös, nervös, nervös« sagen. Als ich Kacy diese Botschaft mitteilte, bestätigte sie, dass Bella extrem nervös war und dass die Mitteilung es genau getroffen hatte.

Schon bald konnte ich alle Tiere hören, die mit mir redeten. Daraufhin schrieb ich das Buch *Hear All Creatures!*, da ich sie buchstäblich hören konnte.

Ron, ein guter Freund von mir, hatte eine Jack-Russell-Hündin namens Jilly, die im Alter von sechzehn Jahren starb. Während einer unserer zahlreichen Sessions forderte Jilly mich auf, über Spiralen, Knochen und einen Speer zu sprechen. Das ergab für mich natürlich keinen Sinn, aber ich berichtete Ron trotzdem, was Jilly mir sagte, und es machte ihn sprachlos. Er schickte mir folgende Erklärung:

»Nach Jillys Tod errichtete ich aus konzentrischen Kreisen eine keltische Spirale in unserem Garten«, erklärte er. »Ich legte ihre Asche in die Mitte, und in die Mitte der Spirale legte ich einen mächtigen Speer. Karen, der einzige Mensch, der davon weiß, ist meine Frau!«

Jilly beschrieb ihr Grab bis ins kleinste Detail, obwohl es natürlich erst nach ihrem Tod errichtet worden war.

Ein anderes Mal fuhr ich in die Stadt und telefonierte auf meinem Bluetooth mit Ron. Er hatte gerade eine schamanische Reise gemacht und Jilly im Jenseits besucht. Bei einer schamanischen Reise ist ein Teil der Seele frei. Er kann den Körper während der meditativen Reise verlassen, um eine andere Seele in einer anderen Dimension zu heilen oder aufzusuchen. Während dieses Besuchs gab Ron ihr ein Geschenk. Er fragte mich, ob Jilly mir das Geschenk zeigen könnte.

»Ron, ich bin gerade unterwegs. Wenn ich nach Hause komme, kann ich nachsehen.« Doch dann sah ich plötzlich, wie Jilly mit der Schnauze einen roten Ball vor sich herschob.

»Moment – Jilly sagt, du hättest ihr einen roten Ball geschenkt«, erwähnte ich und dachte im Stillen, dass es doch sicher irgendwo ein Gesetz gibt, das es verbietet, während des Autofahrens mit Tieren zu kommunizieren.

»Das ist ja unglaublich!«, sagte er. »Du kannst tatsächlich sehen, was ich Jilly auf einer meiner Reisen geschenkt habe. Das ist wirklich beeindruckend!«

Danach war es nur noch eine Frage der Zeit, bis die Seelen der Tiere anfingen, vor meinem geistigen Auge aufzutauchen. Wenn ich in ihre Augen schaute, war es, als würde ich das Buch ihres Lebens aufschlagen.

Hin und wieder zeigte sich ein tierisches Geistwesen an völlig unerwarteten Orten. Eines Tages stand ich im Lebensmittelladen, als ich den Geist einer Krähe auf der Schulter eines Mannes herumhüpfen sah. Der Mann hatte keine Ahnung, dass der Vogel ihm gefolgt war. Ich warf einen Blick in seinen Einkaufswagen und sah eine Tüte Vogelfutter für Wildvögel. Ich konnte die Liebe, die der Vogel für den Mann empfand, spüren, und musste lächeln, als er an mir vorbeiging.

Er dachte, ich würde mit ihm flirten, und fing sofort eine Unterhaltung mit mir an. Ich brachte es nicht übers Herz, ihm zu sagen, dass ich nicht ihn, sondern der Seele seiner Krähe angelächelt hatte.

Ein anderes Mal saß ich beim Friseur, als ich die Seele einer Katze sah, die um die Füße einer anderen Kundin kreiste. Im Gespräch erzählte sie mir, ihre alte Katze sei vor kurzem gestorben.

Unsere verstobenen Haustiere verbringen gern Zeit mit uns und sind nur einen Gedanken weit weg. Wenn sie nicht gerade in unserer Nähe verweilen, können wir uns vorstellen, wie sie im liebevoll sprudelnden Leben nach dem Tod im Kosmos herumspazieren.

Teil II

Kapitel 11
Die andere Seite des Regenbogens

Es gibt keinen Tod. Nur einen Wechsel der Welten.
– Häuptling Seattle

Was ist die andere Seite des Regenbogens?

Wenn der physische Körper unseres Tiers stirbt, existiert seine Energie im Jenseits weiter. Es ist eine andere Dimension – auch Himmel oder Ewigkeit genannt –, die unsere Atmosphäre überlappt. Wenn ein Tier seinen Körper verlässt, gibt es viele verschiedene Eingangs- und Ausgangspunkte, Portale genannt, durch die sich seine Energie – oder Seele – zwischen der Erde und der anderen Seite hin- und herbewegt.

Die Tiere sagen mir, dass sie so ziemlich überall auf der Erde erscheinen können. Sie bewegen sich mit Leichtigkeit zwischen unserer und ihrer Dimension hin und her. Ihr bevorzugter Eintrittspunkt ist meist ein vertrauter Ort, wie beispielsweise ihr Bett, ihr Lieblingsstuhl oder bevorzugter Fenstersims. Manche Tiere kehren gern durch Außenportale – den Garten, über die Wiese, die Scheune oder einen anderen Ort, an dem sie im Leben viel Zeit verbracht haben – zurück.

Wo ist das Jenseits?

Strecken Sie den Arm vor sich aus, während Sie im Sessel sitzen und dieses Buch lesen. Ihr Arm befindet sich jetzt im Jenseits. Und nun ergreifen Sie mit der Hand Ihren Fuß. Ihr Fuß und die Hand befinden sich im Jenseits. Es ist nicht ein weit entferntes Universum oder viele Kilometer über uns. Es ist genau hier – in unserem Umfeld.

Das Überlappen der anderen Welt oder Dimension ermöglicht es unseren verstorbenen Haustieren, auch nach ihrem physischen Tod mit uns zu interagieren. Manche Leute spekulieren, dass das Jenseits etwa vierzig bis sechzig Zentimeter über dem Boden ist. Das würde erklären, warum Erscheinungen mitunter in der Luft zu schweben scheinen.

Manche Tiere erscheinen mir am Boden, zu meinen Füßen oder springen mir auf den Schoß; andere scheinen in der Luft zu schweben und zu verharren. Wie unsere Haustiere *sind auch wir spirituelle Wesen, die auf der Erde eine körperliche Erfahrung machen.* Eines Tages, wenn unsere Zeit auf der Erde zu Ende geht, gehen wir genau wie unsere Tiere in andere Dimensionen über.

Laut Berichten der Tiere ist die geistige Welt ein angenehmer, liebevoller, glücklicher Raum, der dieselben Landschaften enthält, in denen sie sich auch in physischer Gestalt wohlgefühlt haben. Der größte Unterschied ist, dass der Geist – oder die Energie – des Tiers nun überall hingehen kann, wo immer es hinwill. Zäune, Höfe oder Häuserwände sind keine Hindernisse mehr.

Der Kater Tangerine

Ich hatte schon Sessions, in denen verstorbene Tiere ihre Menschen auf der Arbeit, im Auto, im Urlaub und an vielen anderen erstaunlichen Orten begleiteten. Der verstorbene Kater Tangerine sagte mir, ich solle das Wort »Zahnpasta« aussprechen, als ich vor einer Sitzung sein Digitalfoto öffnete.

»Zahnpasta?«, fragte ich den rotgelben Kater. »Also gut, dann erwähne ich halt Zahnpasta!«

Manchmal empfange ich die verrücktesten Informationen, die für mich keinen Sinn ergeben, aber meine Aufgabe ist es, die Botschaft trotzdem zu übermitteln. Wie seltsam, komisch oder traurig die Nachricht auch sein mag – ich bin nur die Überbringerin der Botschaft und teile mit, was immer ich erhalte. Als Tangerines Frauchen anrief, sagte ich Cathy daher, was Tangerine mir aufgetragen hatte.

»Ich weiß zwar nicht warum, aber ich soll über Zahnpasta reden. Welche Bedeutung hat Zahnpasta für Sie?«, fragte ich.

»Das glaube ich einfach nicht! Ich war heute in einem Geschäft und habe eine Tube Zahnpasta gekauft. Nur das, mehr nicht. War Tangerine etwa bei mir im Laden?«

»Ja, genau! Er hat gesehen, was Sie gekauft haben, und möchte Sie wissen lassen, dass er noch bei Ihnen ist.«

Cathy begann zu weinen, doch es waren Freudentränen. »Ich vermisse ihn so sehr. Er war meine ganze Welt; er hat mir alles bedeutet. Ich stand an der Kasse an und musste an ihn denken, weil der Mann vor mir Katzenfutter kaufte. Unglaublich, dass er direkt dabei war!«

Wie Klienten mir oft erzählen, fühlen oder spüren sie ihre verstorbenen Haustiere um sich herum. Manche berichten, dass sie ihr geliebtes Tier aus dem Augenwinkel gesehen haben oder das Gefühl hatten, als würde es auf ihr Bett springen. Solche Dinge passieren tatsächlich. Unsere Tiere können uns jederzeit besuchen.

»Sprich über das runde Glitzerding«, bat der verstorbene Malteser Buddy während seiner Session.

»Was ist es?«, fragte ich den Hund, weil ich nicht genau erkennen konnte, was er mir zeigte.

»Das weiß ich nicht, aber das Licht spiegelt sich darin«, erklärte er, während ich die Vision eines glitzernden runden Balls hatte.

Wie sich herausstellte, hing ein Discoball von der Decke des Arbeitszimmers seines Frauchens Barbara. Ich liebe es, wenn Tiere mir etwas schicken, was sie in diesem Moment sehen. Außerdem sah ich immer wieder die Farbe Blau, die Buddy umhüllte. Wie Barbara mir berichtete, liegt seine blaue Lieblingsdecke auf seinem Hundebett neben ihrem Schreibtisch.

Munchkin und die Crumpets

Auch wenn das wie eine Rockband klingt, hat es mit einer Sitzung zu tun, bei der es um einen verstorbenen Hund namens Munchkin ging.

»Rede über Hefepfannkuchen«, lautete die merkwürdige Botschaft des toten Dackels.

Ich hatte keine Ahnung, wie viel dieses Detail Frauchen Darleen bedeuten würde.

Darleen war verblüfft. »Woher weiß er das?«

»Essen Sie vielleicht öfter Hefekuchen?«, fragte ich, ohne genau zu wissen, was das ist. Ich wusste zwar, dass die Engländer gern Hefekuchen essen, aber es war eine wirklich seltsame Botschaft von einem Hund.

»Ich hatte heute Hefekuchen zum Frühstück. Sie sind ähnlich wie English Muffins, flache, weiche Sauerteigbrötchen. Ich hatte sie noch nie zuvor im Leben gegessen, aber eine Freundin hat sie mir geschenkt. Munchkin war ein echter Genusshund, und beim Essen dachte ich an ihn. Es machte mich traurig, dass er mich in meinem neuen Zuhause womöglich nie finden würde.«

Darleen hatte schon monatelang um ihren geliebten Hund getrauert und spürte die Energie des kleinen Dackels um sich herum nicht. Sie befürchtete, Munchkin könnte sie nach ihrem kürzlichen Umzug in einen anderen Bundesstaat vielleicht nicht mehr finden.

»Ich habe so ein schlechtes Gewissen, weil wir umgezogen sind«, sagte Darleen. »Wir haben ihn in unserem alten Garten begraben und dann erfahren, dass wir wegen der Arbeit meines Mannes umziehen müssten. Es war, als würden wir ihn verlassen. Ich heule und hänge nur noch im neuen Haus herum. Ich habe mich noch nicht einmal den Nachbarn vorgestellt.«

»Jetzt brauchen Sie sich keine Sorgen mehr zu machen. Es fiel Munchkin nicht schwer, Sie zu finden, und jetzt werden Sie immer Gesellschaft beim Frühstück haben!«, sagte ich lächelnd ins Telefon.

Ein paar Wochen später schickte mir Darleen eine Postkarte, auf der sie mir schilderte, wie erleichtert sie sich fühlte, seit sie wusste, dass Munchkin noch bei ihr war. Ihre ganze Lebenseinstellung hatte sich stark verändert, seit sie diese kleine Nachricht gehört hatte. Sie hatte sich mit den neuen Nachbarn angefreundet, sich einer Selbsthilfegruppe für Trauerbewältigung angeschlossen und angefangen, ehrenamtlich in einem Tierheim mitzuhelfen.

»Ich habe das Gefühl, wieder frei atmen zu können, Karen. Ich danke Ihnen dafür, dass Sie mir mein Leben wiedergegeben haben.«

So etwas zu hören ehrt mich zwar jedes Mal, doch der Dank gebührt allein den Tieren. Ich bin bloß ihr Bote. Wer hätte schon wissen können, dass eine kleine Botschaft eine so heilende Wirkung entfalten würde?

Wie ist es in der geistigen Welt?

Wie die Tiere mir berichten, ist die geistige Welt ein liebevoller, glücklicher Raum, in dem sie von Seelen umgeben sind, die sie achten und für sie sorgen. Meistens sind unsere verstorbenen Haustiere bei unserer persönlichen Seelengruppe, die aus Familie, Freunden und anderen geliebten Wesen besteht – Zweibeinern und Vierbeinern. Manchmal erscheinen Tiere zusammen mit einem Engelwesen – einem Erzengel, Geistführern oder anderen Menschen oder Tieren, die Ihnen unbekannt sind.

Mit ihnen in diesem Raum zu sein fühlt sich herrlich an. Stellen Sie sich vor, Sie würden ohne jede Anstrengung in einer Lagune aus kristallklarem warmem Wasser schwimmen. Die Temperatur ist genau richtig – um die 25–26 Grad Celsius, die Luft riecht frisch und rein und eine sanfte Brise geht. In dieser Welt gibt es keine Schmerzen und Leiden, wie sie auf der Erde existieren. Ohne einen hemmenden Körper reisen die Tiere mit Leichtigkeit zwischen verschiedenen Dimensionen hin und her und verweilen an ihren Lieblingsorten, so wie sie es im Leben auch getan haben. Sie können gleichzeitig an mehreren Orten sein und sind durch keine physischen Grenzen eingeschränkt.

»Mir geht es fantastisch!«, sagte eine vor kurzem hinübergegangene Katze namens Boo Boo. »Ich kann fliegen!« Und bei diesen Worten sah ich die Energie der Katze mit seidigem schwarzem Fell spielerisch durch mein Arbeitszimmer schweben.

Tiere reden oft voller Freude und Sehnsucht über ihr Leben auf der Erde; nur selten wollen sie schmerzhafte oder unbehagliche Erlebnisse anschneiden. Ihr Lieblingsthema sind sie selbst, und ihr zweites Lieblingsthema ist – nun ja, sie selbst.

Sie teilen auch Informationen über ihr Zuhause, ihre menschlichen Versorger und andere interessante kleine Einzelheiten mit. Sie sprechen gern über Dinge, die ihnen wichtig sind, und die Gesprächsthemen variieren von Tier zu Tier. Während einer Session ließ eine Hundeseele namens Leo immer wieder einen Tennisball vor meinen Füßen fallen. Dann starrte er mich an und wartete darauf, dass ich den Ball warf. Wie mir sein Frauchen Katherine bestätigte, war das in seinem irdischen Leben sein Lieblingsspiel gewesen.

Denken Sie an das, was Ihr Haustier am liebsten getan hat, als es noch bei Ihnen lebte – vermutlich tut es das jetzt auch auf der anderen Seite des Regenbogens.

Vermisst mein Tier mich?

Die Leute fragen mich häufig, ob ein Tier seine Menschen nach dem Übergang vermisst, und leider muss ich das verneinen. Lassen Sie mich erklären, warum das so ist. Ihre verstorbenen Tiere sind nie weit weg von Ihnen und bleiben weiterhin ein Teil Ihres Lebens. Für sie ändert sich nicht viel, wenn sie in die geistige Welt übergehen.

Ihre Tiere können Sie immer noch sehen und lieben, deswegen sagen sie nur selten, sie würden ihre Menschen vermissen. Auch wenn es schmerzen sollte, das zu hören, sollten Sie sich nicht kränken. Im Grunde ist es eine gute Sache, denn es bedeutet, dass sie noch bei Ihnen sind.

Wird mein Haustier eifersüchtig sein, wenn ich ein neues Tier adoptiere?

Häufig fragen Klienten mich, ob ihre verstorbenen Haustiere eifersüchtig oder traurig sein werden, wenn sie sich ein anderes Tier anschaffen. In den meisten Fällen lautet die Antwort nein. Ihre Tiere wollen, dass Sie sich Ihres Lebens erfreuen. Wenn Sie einem anderen Tier Liebe entgegenbringen, kann auch Ihr verstorbenes Haustier das fühlen.

Außerdem können Tiere alles loslassen, was ihnen nichts mehr bringt. Nur selten hegen sie einen Groll oder sprechen schlecht über ihren Menschen oder andere Tiere. Gelegentlich höre ich von Rivalitäten unter Geschwistern oder Streitereien unter Haustieren in einem Haushalt, doch in den meisten Fällen erwähnen sie es nur kurz und lassen es dann los.

Im Gegensatz zu Menschen mögen Tiere es nicht, alte Wunden aufzureißen oder über schwierige Zeiten zu sprechen. Die meisten verstorbenen Haustiere sind glücklich und fühlen sich wohl, wenn ich Verbindung zu ihnen aufnehme.

Kann mein Haustier mich sehen?

Wie die Tiere mir berichten, sehen sie uns in Form von leuchtenden Lichtkugeln, wenn sie in die geistige Welt übergehen. Vor ihrem geistigen Auge sehen wir immer noch so aus wie in ihrer Erinnerung. Unsere vibrierende Energie lässt sie uns erkennen.

Beobachten Sie beispielsweise die Reaktion eines Tiers, dessen Mensch sich eine Maske aufsetzt. Das Tier erkennt zwar die Maske nicht, doch sobald es seinen Menschen hört oder riecht, weiß es sofort, wer vor ihm steht – mit oder ohne Maske. Sie erkennen unsere Aura, oder die Energie, die uns umgibt, und unsere einzigartige Vibrationsstruktur genauso leicht wie unser Gesicht. Unabhängig davon, wo auf der Welt wir uns befinden, können unsere Tiere unseren einzigartigen energetischen Abdruck identifizieren.

Tiere können ihre Umgebung auch genauso sehen und fühlen, wie sie es im Leben taten. Das ist der Grund, weshalb Sie möglicherweise die Energie Ihres Tiers im Haus sehen oder spüren, genauso wie früher, als es noch gesund und lebendig war.

Der verstorbene Golden Retriever Winchester erzählte uns in einer Session, dass die Energie seines Herrchens und Frauchens wie eine helle Glühbirne leuchtete, wenn beide glücklich waren. Er beschrieb ein helles Licht, das dann ihre Brust, Herz und Gesichter umgab.

Wen sehen Tiere in der geistigen Welt?

Tiere sehen andere Geistwesen ebenso klar, wie sie uns gesehen haben, als sie noch lebten. Sie spüren auch die Energie des Betreffenden oder vertrauter Orte.

In der geistigen Welt geschieht fast alles mit Hilfe von Telepathie. Wenn man mit jemandem zusammen sein will, ist man sofort bei ihm. Wenn man an den Strand gehen möchte, ist man schon da, bevor man bis drei zählen kann.

Unsere Tiere können uns zwar noch sehen, doch sie haben keinen Körper mehr und sehen nicht mit den Augen. Sie spüren oder sehen alles mit ihrer Energie.

Stellen Sie sich vor, Sie stehen an der Kasse eines Supermarkts an. Ihre Augen blicken nach vorne, doch Sie können jemanden in der Schlange hinter sich spüren. Sie fühlen, dass die Person zu dicht hinter Ihnen steht. Dafür müssen Sie sich nicht umdrehen, um sie zu sehen; Sie spüren ihre Energie in Ihrer Nähe. Genauso spüren unsere Tiere uns von der anderen Seite aus.

Wie kommunizieren unsere Tiere in der geistigen Welt?

Die Kommunikation mit Seelen in der geistigen Welt ist ähnlich wie die Kommunikationsformen in unseren Träumen. Achten Sie darauf, dass Sie im Traum nicht sprechen müssen. Sie brauchen nur Ihre Gedanken, um zu erreichen, was Sie erreichen wollen. Wenn Sie von einem geliebten Menschen oder Tier träumen, müssen Sie nicht unbedingt sein Gesicht erkennen. Sie spüren seine Energie und erkennen einander sofort.

Im Traum können wir so ziemlich alles. Wir können wie ein Vogel fliegen oder unter Wasser schwimmen, ohne Sauerstoff zu benötigen. Es ist genauso wie in der geistigen Welt. Wenn ich mit einem verstorbenen Tier kommuniziere, bin ich hauptsächlich hellhörend, das heißt, ich höre seine Worte. Manche Tiere sind jedoch besser im Versenden von Bildern, während andere eher Gefühle aussenden können. Manche Haustiere wenden all diese Methoden an, wenn sie mit mir kommunizieren. Dann muss ich meine Fähigkeiten anpassen und meine Schwingung anheben, um sie einem bestimmten Tier anzugleichen.

Manche Tiere können sehr gut Botschaften aussenden, während andere darin nicht so gut sind. Es ist ähnlich wie mit der Kommunikation mit anderen Menschen. Manche Leute sind wirklich gute Kommunikatoren, während andere es nicht sind. Manche von ihnen drücken sich sehr gefühlvoll und mit vielen Gesten aus; andere sind zurückhaltender.

Bei den Tieren ist es genauso. Ich muss mich auf alles Erdenkliche vorbereiten, was während einer Sitzung auftreten könnte – einschließlich auf meine Klienten. Ich arbeite auch mit ihrer Energie;

manchmal kann sie einer Session entweder zum Erfolg verhelfen oder sie zum Scheitern verurteilen.

Achten Sie darauf, dass Sie zu jeder sensitiven oder Tierkommunikationssession ruhige, positive Energie mitbringen. Wenn Sie sich der Sitzung nicht gewachsen fühlen, wenn etwas Sie ablenkt oder Sie sich nicht wohlfühlen, sollten Sie den Termin lieber verschieben. Wenn Sie positive Energie in eine Session mitbringen, sorgt das dafür, dass die Kommunikationsleitungen für das bestmögliche Ergebnis offen sind.

Sind unsere Haustiere nach ihrem Tod immer in unserer Nähe?

Nach dem Übergang Ihres Haustiers neigt es dazu, in Ihrer Nähe zu bleiben. Es wacht über Sie und hält sich an seinen Lieblingsplätzen auf. Möglicherweise spüren Sie seine Nähe und fühlen seine liebevolle Energie deutlich in Ihrem Zuhause. Mit der Zeit können Sie seine Energie vielleicht nur noch schwächer spüren.

Dafür gibt es verschiedene Gründe. Nach dem Übergang lernen und wachsen die Tiere als energetische Wesen weiter. Während sich ihre Seele weiterentwickelt, beteiligen sie sich möglicherweise an verschiedenen Aktivitäten in der geistigen Welt. Das kann zum Beispiel bedeuten, anderen Menschen und Tieren den Übergang zu crlcichtern oder sich auf die Wiedergeburt und Rückkehr zur Erde vorzubereiten. Manche Tiere verschmelzen mit einem Gruppenbewusstsein.

Ihr spiritueller Weg kann sie auch in andere Teile der Welt oder gar andere Universen führen, je nachdem, wie ihre Reise als geistiges Wesen aussieht. Je länger Ihr Tier in der geistigen Welt ist, desto transparenter wird es für Sie hier auf Erden. Jede Seele ist einzigartig und bleibt mit Ihnen verbunden, während sie ihren vollkommenen himmlischen Weg geht.

Kann man mit den Tieren auch noch nach ihrer Wiedergeburt sprechen?

Manche Sensitiven glauben, man kann mit einem Tier nach seiner Reinkarnation nicht mehr kommunizieren, weil es dann in einem anderen Körper steckt und ein anderes Leben lebt. Andere wiederum meinen, es sei möglich, mit dieser Seele Verbindung aufzunehmen. Im Kapitel über die Wiedergeburt behandle ich dieses Thema noch ausführlicher, doch für den Augenblick kann ich Ihnen sagen, dass ich noch zu jedem Tier zu jeder Zeit – ob wiedergeboren oder nicht – Verbindung aufnehmen konnte. Vielleicht ist das bloß mein eigener Stil, aber ich fand es noch nie schwierig, mit der Seele eines Tiers, an das sich meine Klienten erinnern, oder einer frisch reinkarnierten Seele in Kontakt zu treten.

Ich werde öfter gefragt, ob es einen Zeitraum gibt, innerhalb dessen ich mich mit Tieren aus der Kindheit meiner Klienten verbinden kann. Bisher habe ich noch keine zeitliche Grenze erkennen können. Ich habe mehrere Klienten, die über neunzig sind, und ich kann ohne Probleme Verbindung zu ihren verstorbenen Haustieren aufnehmen.

Kapitel 12
Zeichen aus der geistigen Welt

Eure Lieben sind nur einen Gedanken entfernt.

– John Holland

Dieses Thema gehört zu meinen Lieblingsthemen. Es gibt verblüffend viele verschiedene Zeichen aus der geistigen Welt. Nachdem Tiere auf die andere Seite übergegangen sind, bemühen sie sich häufig, ihre Menschen wissen zu lassen, dass sie noch da sind. Sie können zum Beispiel sehr lebendig in Ihren Träumen erscheinen oder um Sie so herumstreifen, wie sie es auch im irdischen Leben taten. Nicht jeder kann die Energie seines Haustiers fühlen oder spüren, doch die meisten Tiere sagen mir, dass sie nie weiter als einen Gedanken weg sind.

»Warum kann ich den Geist meines Hundes nicht um mich spüren?«, fragte Jesse, nachdem er seinen dreizehn Jahre alten Pitbullmischling Axel verloren hatte.

Axel sah mich mit traurigen Augen an. »Ich bin nie weit weg«, sagte der Hund. »Sag ihm, ich bin hier.« Dann zeigte er mir einen Wecker.

»Jesse, ich sehe einen Wecker; können Sie damit etwas anfangen? Warum würde Axel mir einen Wecker zeigen?«

Jesse erzählte mir, dass sein Wecker seit Axels Tod an fast jedem Wochenende von ganz alleine um halb sechs klingelte.

»Ach Gott, macht das etwa Axel? Wir sind früher an den Wochenenden frühmorgens joggen gegangen«, sagte Jesse. »Ich habe mich schon gefragt, ob er etwas damit zu tun hat.«

Die Energie eines Tiers kann die Elektronik beeinflussen

Tiere brauchen viel Energie, um sich in irgendeiner Form zu manifestieren. Ich erklärte Jesse, dass Axel seinen Digitalwecker manipulierte, weil ihm das leichtfällt.

»Axel besteht aus reiner Energie – was würde Ihre elektronischen Geräte also besser manipulieren als noch mehr Energie?«

»Das ergibt Sinn«, meinte Jesse.

»Er liebt Sie so sehr, dass er Ihnen seine Nähe zeigen will, indem er Ihren Wecker klingeln lässt.«

Die Tiere sagen mir, sie tun alles in ihrer Macht Stehende, um uns wissen zu lassen, dass sie bei uns sind. Dafür nutzen sie die Quellen in Ihrem Umfeld. Ihr Tier braucht Energie, um Gegenstände zu manipulieren und Zeichen zu schicken. Sie können ihm eine Art spiritueller Energie schicken, die es ihm ermöglichen könnte, Ihnen noch mehr Zeichen zu senden.

Spirituelle Energie besteht aus liebevollen Gedanken, Gebeten und glücklichen Erinnerungen. Stellen Sie sich vor, Sie würden den Treibstoffvorrat Ihres Tiers mit dieser starken Energie auffüllen. Mit der Zeit spüren Sie möglicherweise die unterschwellige Energie Ihres Tiers oder fangen an, von ihm zu träumen.

So viele Zeichen!

Weitere Zeichen der geistigen Welt dafür, dass die Seele Ihres Tiers in Ihrer Nähe ist, können beispielsweise Schmetterlinge, Marienkäfer oder Libellen sein. Tiere schicken auch Federn oder Münzen, um Ihnen zu zeigen, dass sie bei Ihnen sind. So manche Tierseele entwickelt dabei regelrecht Kreativität; dann hören Sie ihren Namen im Radio oder lesen ihn auf einem Werbeplakat. Manche Tiere bewegen sogar Gegenstände.

Der verstorbene Hund Lefty erzählte mir, er öffne die Schranktür, hinter der sein Herrchen Michael die Hundeleckerchen aufbewahrte. Michael musste lachen und sagte, er habe schon gedacht, dass er verrückt werde. Manchmal stand die Schranktür offen, wenn er morgens aufwachte. Jetzt freut er sich, wenn die Schranktür offen ist, denn dann weiß er, dass Lefty vorbeigekommen ist, um ihm seine Liebe zu beweisen.

Stellen Sie sich vor, wie schwierig es wäre, einen Gegenstand zu bewegen, ohne einen physischen Körper zu haben. Das erinnert mich an den Film *Ghost* mit Patrick Swayze. Darin spielt er die Rolle des Sam, der ganz plötzlich ermordet wurde. Sam muss nach seinem Tod lernen, wie man Gegenstände manipuliert. Er musste lange üben, bevor er wusste, wie er ohne Körper eine Dose mit dem Fuß kicken und eine Münze bewegen konnte.

Selbst wenn Sie Ihr Tier nicht in Ihrer Nähe spüren, bedeutet das nicht, dass es weg ist. Es ist nie weiter als einen Gedanken von Ihnen entfernt und wartet freudig auf Ihre liebevollen Gedanken und glücklichen Erinnerungen.

Kater Monkey

Eine Klientin namens Samantha kontaktierte mich wegen eines Termins für eine Sitzung, nachdem ihr fünfzehn Jahre alter Kater in die geistige Welt übergegangen war. Der graue Kater gab mir detaillierte Informationen darüber, dass er seinem Frauchen in ihren Träumen erschienen war, um ihr zu verdeutlichen, dass es ihm gut ging. Er zeigte mir auch einen Bilderrahmen mit roten Herzen und einem Entenküken darauf.

»Sagt Ihnen das was?«, fragte ich sie.

»Ja, ich glaube schon.« Samanthas Stimme war so leise, dass ich sie kaum verstehen konnte. »Jeder träumt doch von seinen Haustieren. Warum kann ich ihn nicht spüren? Ich vermisse ihn so! Ohne ihn ist mein Leben nicht mehr dasselbe.«

Ich erklärte Samantha, dass *nicht* jeder von seinen verstorbenen Haustieren träumt. Wie manche Klienten mir sagen, würden sie alles tun, um einen lebendigen Traum zu haben, in dem ihre Tiere ihnen erscheinen.

»Sagen Sie meinem Liebling, dass ich ihn an meiner Seite spüren will? Sagen Sie ihm bitte, dass ich ohne ihn nicht leben kann«, flehte sie mich an. Samantha war verzweifelt, weil sie nicht die Art von Botschaft empfing, die ihr vorschwebte.

Ein paar Tage später hörte sich Samantha die Tonbandaufnahme der Session noch einmal an. Da wurde ihr klar, dass Monkey mehrere Details mitgeteilt hatte, die nur er wissen konnte. Sein Foto steckte in einem Rahmen *mit roten Herzen*, der auf ihrem Nachttisch stand. Sein Lieblingsspielzeug war ein *Entenküken* gewesen. Monkey teilte mir diese spezifischen Dinge mit, damit Samantha wusste, dass er in ihrer Nähe und immer noch ein Teil ihres Lebens war.

Die Zeichen sind überall um uns herum

Meine Klientin Marie hatte eine Session mit ihrem verstorbenen Kater Pete. Vor Beginn der Sitzung bat Pete mich, über die Nachttischlampe neben ihrem Bett zu sprechen und »Gute Nacht« zu sagen. Ich fragte Marie, warum Pete die Wörter »Gute Nacht«

erwähnen würde und über eine Lampe reden wolle. Wie sie berichtete, wachte sie nach Petes Tod häufig mitten in der Nacht auf, weil sie ihn auf dem Bett spüren konnte. Jedes Mal, wenn das passierte, flackerte die Lampe auf ihrem Nachttisch. Sie sagte, Petes liebste Tageszeit sei abends gewesen, denn da hätten sie gekuschelt. Er hatte immer auf der Seite des Betts geschlafen, auf der die Lampe stand, und jedes Mal, wenn sie das Licht ausgemacht hatte, hatte sie Pete Gute Nacht gesagt und wie lieb sie ihn hatte.

Während einer anderen Session mit einem Klienten, der Greg hieß, zeigte mir sein verstorbener Hund Jake immer wieder eine Hundeklappe. Ich sah, wie die Klappe an der Tür immer wieder mit einem seltsamen Klicken auf- und zuschnappte. Greg lächelte am Telefon, als er mir erzählte, dass die Klappe nach Jakes Übergang immer wieder von alleine auf- und zugegangen sei. Er sagte, dass ein ungewöhnliches Klicken zu hören sei, wenn die Magneten aufeinanderträfen. Greg glaubte schon, verrückt zu werden, und zweifelte an seinem Geisteszustand. Es machte ihn sehr glücklich und erleichtert, als er hörte, dass Jake noch im Haus war und seine Gegenwart auf diese Weise demonstrierte.

Jede dieser Geschichten zeigt uns, dass unsere Tiere uns Zeichen schicken, um uns wissen zu lassen, dass sie uns nahe sind. Meistens tun sie etwas, was sie auch im Leben oft taten. Lassen Sie sich nicht entmutigen, falls Sie die Gegenwart Ihres Tiers nicht spüren können und Ihnen auch keine ungewöhnlichen Aktivitäten auffallen. Das ist kein Hinweis darauf, dass Ihr Tier Sie nicht liebt oder nicht mehr da ist. Manche Haustiere sind fest entschlossen, unsere Aufmerksamkeit zu erlangen; andere sind weniger aktiv. Ich habe schon Tiere erlebt, die viele Zeichen für ihre Präsenz geschickt haben, und Tiere, die keine

Zeichen gesendet haben. Wenn ich Verbindung zu ihnen aufnehme, sagen sie mir, dass es nur eine Frage der Charaktereigenschaften oder Persönlichkeit ist und nichts mit mangelnder Liebe zu tun hat.

Eine verstorbene Deutsche Dogge namens Cooper berichtete mir während einer Session von einem Bild und einem lauten dumpfen Geräusch. Sein Mensch, Teri, war nicht sicher, was die Botschaft bedeutete, und meinte, sie würde darüber nachdenken. Nach der Session erzählte sie mir, dass sie ein Gemälde von Cooper an eine Wand gelehnt hatte, da sie noch nicht sicher war, wo im Haus sie es aufhängen wollte. Plötzlich fiel das Bild von alleine um und machte ein dumpfes lautes Geräusch, als es auf dem Fußboden aufschlug. Damit zeigte Cooper seinem Frauchen, dass er noch da war und dass ihm das Bild von sich gefiel.

Cooper hinterließ auch bei jedem Besuch bei Teri eine ganz bestimmte Visitenkarte, und zwar genau elf Cent. Cooper ging am 11. Mai in die geistige Welt über, und von jenem Tag an fand Teri überall elf Cent. Es waren nie zwei Fünf-Cent-Stücke und ein Penny, sondern immer eine Zehn-Cent-Münze und ein Penny. Sie fand diese elf Cent im Aufzug, auf der Auffahrt, in einer Arztpraxis. Es war Coopers Art, ihr zu sagen: »Hallo Mom! Ich bin hier bei dir!«

Tiere können unsere Gefühle spüren

Wenn wir unter einem Verlust leiden, können unsere verstorbenen Tiere unsere Gefühle noch genauso spüren, wie sie es in ihrem Leben auf der Erde taten. Die Verarbeitung Ihrer Gefühle kann auch einen positiven Effekt auf Ihre verstorbenen Haustiere haben. Wenn Sie die Trauer zulassen, bringt Sie das weiter, so dass Sie heilen können. Auch für Ihre Tiere ist Ihre Heilung heilsam.

Nach dem Verlust eines Haustiers können die Gefühle sehr intensiv sein. Es ist in Ordnung, sich in dieser Zeit der Trauer von seinen Emotionen überwältigt zu fühlen. Diese Emotionen schaden Ihrem Tier nicht und halten es auch nicht von seiner spirituellen Reise fern. Ihr Tier liebt Sie und will, dass Sie so schnell wie möglich heilen.

Während Sie lernen, ohne Ihr geliebtes Tier weiterzuleben, kämpfen Sie möglicherweise gegen Ihre Gefühle an. Haben Sie mit sich Geduld! Der Trauerprozess kann Tage, Wochen oder gar Monate dauern. Für die Trauer gibt es keinen festgelegten Zeitrahmen.

Wenn ich traurig bin, tue ich mir gern etwas Gutes – ich stelle zum Beispiel einen Strauß frisch geschnittener Blumen in die Vase, höre meine Lieblingsmusik oder mache einen Waldspaziergang.

Mit der Zeit werden Körper, Geist und Seele wieder bereit sein, das Leben fortzusetzen. Es wird Ihr Tier glücklich machen zu sehen, dass Sie in den Heilungsprozess übergehen. In einem späteren Kapitel befasse ich mich ausführlicher mit dem Trauer- und Heilungsprozess.

Kapitel 13
In der geistigen Welt existiert Zeit nicht

Die Liebe geht weit über das, was man das Grab nennt, hinaus.
– Edgar Cayce

Die Katze Mystery

Nach dem Übergang ihrer Katze Mystery kontaktierte Carol mich, um Verbindung zu ihr aufzunehmen und zu sehen, wie es ihr ging. Mystery freute sich sehr auf die Session mit ihrem Frauchen und konnte kaum erwarten, daran teilnehmen zu können. Schon zwei Stunden vor dem gesetzten Termin erschien die Katze und zeigte sich mir, indem sie spielerisch mit der Pfote über meinen Schreibtisch wischte. Ich versuchte alles Mögliche, um sie dazu zu bringen, später zu kommen, aber sie weigerte sich strikt. Die verrückte Katze wohnte zwei anderen Sitzungen bei und wartete darauf, bis sie an der Reihe war. Wenn Sie früher ein Geschwisterchen hatten, das vor dem Fernseher stand und den Bildschirm blockierte, während Sie eine Sendung ansehen wollten, dann wissen Sie, wie es mir ging.

Es gibt keine lineare Zeit

Die Seelen verstorbener Menschen warten genauso ungeduldig auf den Beginn ihrer Sitzung. Eines Morgens stand ich gegen halb sieben Uhr auf, um Kaffee aufzusetzen. Ich ging am Wohnzimmer vorbei – und blieb abrupt stehen, als ich einen alten Mann in meinem Sessel sitzen sah. Ich lebe allein; Sie können sich also vorstellen, wie sehr ich erschrak! Er war eine Manifestation in Lebensgröße. Ich blieb einen

Moment stehen, blinzelte und überlegte, ob ich mein Gewehr holen sollte. Dann merkte ich, dass er ein Geistwesen war, da ich durch ihn hindurchsehen konnte.

»Wer sind Sie?«, fragte ich.

»Robert«, sagte er. »Ich sehe mir das Spiel an.«

Mit diesen Worten wandte er sich wieder meinem Fernseher zu, der ausgestellt war.

»Also, Robert, Sie sind viel zu früh da und müssen später wiederkommen.«

Er ignorierte mich. Stattdessen nahm er die Fernbedienung an sich und begann, vor dem Bildschirm zu fluchen. Ich versuchte noch mehrmals, ihn wegzuschicken, aber er hing den ganzen Tag vor meinem Fernseher herum. Ich fragte alle Klienten an diesem Tag, ob einer von ihnen vielleicht einen mürrischen Verwandten namens Robert hätte, doch erst in der letzten Session des Tages meldete sich ein Klient.

»Ach, das ist mein Onkel Bob!«, sagte Steven, der um 18:00 Uhr einen Termin hatte. »Wir haben früher zusammen Baseball geschaut und kein einziges Spiel verpasst. Er hat sich immer tierisch aufgeregt und den Fernseher angebrüllt.«

»Ja, ich weiß«, sagte ich, von meinem sehr ausdrucksstarken ungebetenen Gast genervt.

Sobald Onkel Bob seine Botschaften überbracht hatte, verdünnisierte er sich.

Jede Session bringt Neues und Einzigartiges mit sich, und ich weiß nie, wer sich zeigen wird und welche Informationen ich empfangen werde.

Kapitel 14
Wer nimmt mein Tier im Jenseits in Empfang?

Es gehört zu unserer Reise hin zur Erleuchtung, unsere Begabungen im Leben zu erkennen.
– Allison DuBois, Medium

Die meisten von uns möchten unbedingt wissen, wer unsere Tiere nach ihrem Übergang in Empfang nimmt. Ist es ein verstorbener Mensch, der uns nahestand? Oder ein anderes Haustier, das schon auf sie wartet? In jedem Fall hoffen wir, dass der Tod unserer Tiere ein friedlicher und leichter Übergang in die geistige Welt ist.

Wie die meisten verstorbenen Tiere mir berichten, werden sie von Familienangehörigen und Menschen oder Tieren, die uns nahestanden, willkommen geheißen. In manchen Fällen werden sie von Engeln oder Geistführern empfangen, und es gibt immer eine fröhliche Feier.

Als meine Klientin Lynne Abschied von ihrem Pferd Persia nehmen musste, sah ich die Energie einer grauen Stute durch mein Arbeitszimmer strömen. Lynne sagte mir, die graue Stute sei Persias Mutter, die schon einige Jahre zuvor übergegangen war. Es war wunderschön, die beiden zusammen in der geistigen Welt zu sehen.

Ein Papagei namens Nutmeg berichtete mir, eine verstorbene Großmutter habe sie in Empfang genommen. Wie Angela mir sagte, hatte sie sich Sorgen gemacht, dass niemand da sein würde, um Nutmeg zu begrüßen, und so hatte sie ihre verstorbene Großmutter darum gebeten. Auch wenn sie sich im Leben nicht gekannt hatten, brachte ihre Liebe zu Angela Nutmeg und Angelas Großmutter in der geistigen Welt zusammen.

Und wer heißt Streuner oder Tierheimtiere willkommen?

Wenn ein Streuner in die geistige Welt übergeht, wartet immer eine liebevolle Seele darauf, ihn in Empfang zu nehmen. Dasselbe gilt für Tiere aus dem Tierheim oder solche, die nie ein liebevolles Zuhause hatten.

Engel, Geistführer oder andere verstorbene Tiere sind die Ersten, die sie bei ihrer Ankunft willkommen heißen. Soweit mir bekannt ist, gibt es keine Tierseele, die ohne einen liebevollen Geistführer an ihrer Seite im Kosmos umhertreibt.

Wenn ihre Zeit gekommen ist

Es klingt zwar sehr simpel, aber positive Gedanken können die Situation leichter machen, wenn das Leben Ihres Tiers zu Ende geht. Sagen Sie ihm, wie sehr Sie es lieben und wie besonders es ist, oder reden Sie über eines Ihrer Lieblingserlebnisse mit ihm. Betrachten Sie es als glückliches, gesundes und unversehrtes Tier. Bitten Sie eine verstorbene – menschliche oder tierische – Seele, für Ihr Tier da zu sein, wenn es in die geistige Welt übergeht.

Ihr Tier liebt Sie so sehr, dass es so lange wie irgend möglich bei Ihnen bleibt. Werden Sie aktiv, wenn es Schmerzen hat oder sich elend fühlt. Versuchen Sie nicht, es länger als nötig am Leben zu erhalten. Geben Sie ihm ganz viel liebevolle Unterstützung und ruhige Energie, damit es den Übergang aus dem Körper in Frieden vollziehen kann.

Es ist sehr tröstlich zu wissen, dass unsere Lieben unsere Tiere bei deren Tod in Empfang nehmen werden, doch was geschieht, wenn *wir* in die geistige Welt übergehen? Werden unsere Tiere da schon auf uns warten?

Kapitel 15
Begrüßen mich meine Tiere nach meinem Tod?

Kein Himmel wird je ein Himmel sein, wenn meine Katzen nicht da sind, um mich willkommen zu heißen.
– Anonymer Verfasser

Keine Angst, Ihre Tiere werden da sein! Vielleicht haben Sie schon mal von der Regenbogenbrücke gehört, jenem mystischen Ort, an dem alle verstorbenen Tiere, die Sie im Leben gekannt haben, auf einer wundervollen Wiese schon auf Sie warten.

Selbst wenn diese Regenbogenbrücke ein Fantasieort ist, läuft es in der geistigen Welt ähnlich ab. Bei unserem Übergang warten unsere Haustiere eindeutig schon auf uns, und bei unserer Ankunft gibt es ein Freudenfest.

Wie die Tiere mir berichten, bleibt ein kleiner Teil unserer Seele in der geistigen Welt zurück, während wir hier auf der Erde leben. Bei unserem Übergang werden wir endlich mit diesem kleinen Seelenteil wiedervereint und werden wieder ganz – oder energetisch vollständig. Aus diesem Grund sagt man auch, jemand würde *nach Hause kommen*, wenn er in die geistige Welt eingeht. Dann gehen wir dahin zurück, wo wir vor dieser Inkarnation erschaffen wurden. Wir kehren zurück zu unserem Schöpfer, zu unserem himmlischen Geburtsort.

Wie die verstorbene Katze Peena mir erzählte, besuchte die Seele ihres Frauchens Diane sie in einem Schloss im Jenseits, auch wenn Diane noch lebt. Peena zeigte mir das prächtige Schloss und beschrieb mir die Blumen und üppigen Dekorationen im Schlossinneren. Diane bestätigte, dass sie ein unglaublich plastisches, traumartiges außerkörperliches Erlebnis hatte, in dem sie Peena in einem ganz ähnlichen Schloss besuchte.

Nach der Session hinterließ Peena ein Bild dieses magischen Treffpunkts auf Dianes beschlagenem Badspiegel. Diane schickte mir ein Foto von dem Bild auf dem Spiegel, und es schockte mich zu sehen, wie sehr es dem Schloss ähnelte, das Peena mir in der Session gezeigt hatte.

Eines Tages werden wir alle ganz genau wissen, wie es sich anfühlt, wieder nach Hause zu gehen, zurück an unseren himmlischen Geburtsort, umringt von allen Tieren, die wir jemals geliebt haben.

Kapitel 16
Wenn Unfälle passieren

Das Wesen unserer tierischen Freunde, das verzeiht und nicht zurückschlägt, kann uns täglich eine positive spirituelle Lehre sein.
– Eckhart Tolle

Ich habe meinen Hund umgebracht!«, weinte eine Klientin am Telefon. Marlene hatte versehentlich ihre Chihuahua-Hündin Princess in der Autotür eingeklemmt. Die kleine Hündin starb kurz darauf in ihren Armen.

Nur wenige Ereignisse sind so schrecklich wie der Verlust eines Haustiers, das durch einen von uns verursachten Unfall stirbt. Die Schuldgefühle können unerträglich sein und uns dazu bringen, unser Leben zu ändern, um nie mehr diesen Schmerz ertragen zu müssen. Manche Klienten sagten mir, sie würden sich nach einem unglücklichen Unfall, bei dem ihr Haustier ums Leben kam, nie mehr ein Tier anschaffen. Andere bestrafen sich selbst lange und laufen jahrzehntelang mit dieser Last herum.

Verzeiht unser Haustier uns?

Meistens reden Tiere über glücklichere Erinnerungen und erwähnen den Unfall, der ihnen das Leben gekostet hat, mit keinem Wort. Häufig können oder wollen sie sich nicht an das erinnern, was im Augenblick des Todes geschah. Es scheint, als hätten sie nur wenige oder gar keine Erinnerungen an die meisten traumatischen Erlebnisse.

Dieser Gedächtnisverlust gleicht dem, was wir Menschen in einer traumatischen Zeit erleben. Menschen, die beispielsweise einen schweren Autounfall hatten, sagen oft, sie hätten keine Erinnerung an den Unfall selbst. Sie können sich zwar an das erinnern, was sie kurz vor dem Aufprall taten, jedoch nicht an das Ereignis an sich.

Viele Tiere haben mir berichtet, sie seien in einem Moment noch hier gewesen und im nächsten nicht mehr in ihrem Körper gewesen. Sie zeigen mir mitunter das Bild eines Fahrzeugs, eines Raubtiers oder was immer ihr Leben beendete, aber sie zeigen nicht das Ereignis an sich. Der von ihnen erlebte Tod kann ganz anders sein als das, was ihr Mensch sich darunter vorstellt.

Auch wenn Tiere nicht sterben wollen, akzeptieren sie den Tod weitaus eher, als wir es tun. Sie sagen mir: »Mein Körper hat versagt« oder: »Ich habe meinen Körper verlassen«. Kein einziges Tier hat mir berichtet, von seinem Menschen getötet worden zu sein.

Als ich mit Princess kommunizierte, erwähnte sie weder den Unfall noch die Wagentür in irgendeiner Weise. Ihre Energie war hell und strahlend, und sie teilte uns viele Details mit. Der schreckliche Unfall, der ihr Leben beendete, war nicht unter ihren Erinnerungen.

Tracy kontaktierte mich, um Verbindung zu ihrem verstorbenen Kater Big Boy aufzunehmen. Sie war verzweifelt, weil sie ihn beim Rückwärtsfahren aus Versehen überfahren hatte. Zwar überlebte Big Boy den Unfall mit einem gebrochenen Bein, doch bald darauf verschlechterte sich sein Zustand und er starb.

Während der Session sprach Big Boy nur über seine Liebe zu Tracy und dass sie im Leben das Wichtigste für ihn gewesen war. Wie er mir zeigte, hätte er unter noch schlimmeren Folgen leiden müssen, wenn er überlebt hätte.

Plötzlich zeigte er mir das Bild eines amputierten Beins. Ich dachte, er meinte, dass sein eigenes Bein hätte amputiert werden müssen, wenn er weitergelebt hätte. Als ich Tracy schilderte, was ich sah, brach sie in Tränen aus. Ich wusste nicht, dass Tracys Bein nach einem schlimmen Autounfall vor ein paar Monaten amputiert worden war. Big Boy kümmerte nicht, was ihm zugestoßen war; stattdessen zeigte er seine Liebe und Sorge um sein Frauchen, indem er über Tracys *ernste Verletzungen* sprach.

Vergessen Sie nicht:

Es war nie Ihre Absicht, Ihrem Tier etwas zuleide zu tun. Sie sollten wissen, dass es Ihre Liebe spürt, selbst wenn ein Unfall passiert.

Wenn der Tag, an dem Sie Ihr Tier wiedersehen werden, gekommen ist, wird seine Liebe zu Ihnen stärker als je zuvor sein. Ihre Fellnasen sind für immer in Ihrem Herzen und Teil Ihrer ewigen Seele.

Kapitel 17
Wenn Tierseelen sprechen

Wenn du zu den Tieren sprichst, sprechen sie zu dir,
und dann kennt ihr euch.
Wenn du nicht zu ihnen sprichst, wirst du sie nicht kennenlernen, und was du nicht kennst, macht dir Angst.
Was einem Angst macht, zerstört man.
– Häuptling Dan George

Ich habe von verstorbenen Tieren schon alle möglichen Botschaften erhalten. Manchmal ist es das Letzte, was wir erwarten. Das macht jede Session interessant und aufregend, weil man nie weiß, worüber das Tier reden wird.

Nach Jacks Übergang machte sich der fast 200 Pfund schwere Mastiff Sorgen um die Gesundheit seines Frauchens und schickte in einer Sitzung eine merkwürdige Nachricht. Sie lautete: »Sag ihr, es ist in den Drüsen.«

Zum Zeitpunkt der Session hatte sich Marilyn nicht wohlgefühlt und war schon bei mehreren Spezialisten gewesen, die nichts gefunden hatten. Sie ging Jacks Botschaft nach und erfuhr schockiert, dass sie Brustkrebs hatte, der schon in ihre Lymphknoten gestreut hatte – den Drüsen.

Glücklicherweise kam die Diagnose noch rechtzeitig. Durch eine OP und Chemotherapie geht es Marilyn heute gut – dank ihres verstorbenen Hundes und der Botschaft, die ihr das Leben rettete.

Ruby

Ein verstorbenes Pferd namens Ruby wies mich in einer Session mit ihrem Besitzer Thomas an, ihm die Botschaft *»Rocks and gift«* (Steine und Geschenk) zu übermitteln. Sie erwähnte auch, der Monat *Oktober* habe eine besondere Bedeutung. Keiner von uns ahnte damals, was die Nachricht zu bedeuten hatte.

Fast ein ganzes Jahr später verspürte Thomas plötzlich das Verlangen, einen Pferdezüchter in seiner Gegend aufzusuchen, obwohl er nicht vorhatte, sich nach dem Verlust seiner Ruby wieder ein Pferd anzuschaffen. Er war sprachlos, als der Züchter ihm ein Fohlen vorführte, das *Roxy's Gift (was ähnlich klingt wie Rocks and gift)* hieß. Und es war zufällig der Monat Oktober.

Journey

Ein verstorbener Kater namens Journey erwähnte mir gegenüber immer wieder einen lauten Piepston. Wie sein Besitzer Eric mir sagte, ging der Rauchmelder ohne erklärlichen Grund immer wieder von alleine los, obwohl er neue Batterien eingelegt hatte. Journey gab zu, dass er den Rauchmelder losgehen ließ, um seinem Herrchen seine Gegenwart zu verdeutlichen.

Nellie

Die verstorbene Hündin Nellie bat mich in einer Session, »Wolfman Jack« zu sagen. Es dauerte eine Weile, bis ihr Frauchen Dyan und ihr Herrchen Jon darauf kamen, wen sie damit meinte. Nach ungefähr vier Wochen erfuhren sie, dass ein alter Bekannter mit dem Spitznamen Wolfman Jack verstorben war. Er hatte Hunde geliebt, und so war es nur logisch, dass er und Nellie sich in der geistigen Welt zusammengetan hatten.

Nellie

Doobie

Ich bereitete mich gerade auf eine Sitzung mit dem verstorbenen Hund Doobie vor, als ich plötzlich den Geruch eines wischfesten Markierstifts wahrnahm. Als Doobies Herrchen Frank sich telefonisch meldete, um die Session zu starten, fragte ich ihn, ob er vor kurzem einen Markierstift verwendet hatte. Frank sagte, er habe direkt vor unserer Session mit einem solchen Markierstift geschrieben. Der Stift lag während des Telefonats direkt vor ihm.

Als wäre das nicht schon genug Beweise dafür, dass Doobie bei ihm im Zimmer war, zeigte mir der Pitbull das Bild einer Engelsstatue. Wie Frank bestätigte, sah er in diesem Moment eine Engelsstatue an, die neben Doobies Foto auf seinem Tisch stand.

Doobie

Albert

Albert war ein verstorbenes Pferd, das liebevoll über seine Besitzerin Melissa wachte. Während unserer Session erzählte mir das Pferd von einer *großen Überschwemmung*, und ich hatte ein Haus, in dem alles drunter und drüber lag, vor Augen. Melissa bestätigte mir, dass sie im Haus einen Rohrbruch gehabt hatte und ihr Keller überschwemmt worden war.

Lady

Die verstorbene Hündin Lady forderte mich auf, in ihrer Session über *»einen bestimmten Namen und Poop«* zu sprechen. Wie sich herausstellte, war Ladys Kosename Poop-a-lina. Sie sang mir sogar ein Liedchen über »Poop-a-lina« vor. Das alberne Lied hallte mir noch tagelang in den Ohren.

Kiva

Ein sehr netter Klient namens Shawn meldete sich bei mir, um Verbindung zu seiner toten Katze Kiva aufzunehmen. Diese außergewöhnliche Katze lieferte viele akkurate und detaillierte Botschaften über Jobs, Beziehungen und Familienangelegenheiten, die sie in den Jahren, in denen sie bei Shawn lebte, mitbekommen hatte. In einer Sitzung überbrachte Kiva eine völlig überraschende Nachricht, in der es um ein Baby ging. Shawn sagte, er kenne niemanden, der ein Kind erwarte. Dann beendeten wir die Session.

Innerhalb eines Monats sagte Shawns Frau ihm, dass sie schwanger sei. Ihre Ärzte hatten das für unmöglich gehalten. Als die kleine Morgan zur Welt kam, war das ein wundervoller Augenblick – und wer hätte geahnt, dass ihre verstorbene Katze Kiva schon fast ein Jahr früher davon wusste?

Unsere verstorbenen Haustiere teilen sehr gern lustige oder verzauberte Momente wie diesen mit uns. Es ist ihre Art, uns wissen zu lassen, dass sie uns immer lieben und vom Jenseits aus über uns wachen.

Kapitel 18
Tiere als Augenzeugen

Wir beobachten, wie Tiere Dinge tun, die wir in unserer Überheblichkeit immer für »menschlich« hielten.
– Jane Goodall

Während meines Polizeidienstes stellte ich fest, dass Tiere ganz akkurate Details über ein Verbrechen, bei dem sie im Leben anwesend waren, mitteilen können. Aber kann ein verstorbenes Haustier auch genügend Informationen aus der geistigen Welt übermitteln, um einen Mordfall zu lösen?

Anfang der 1980er Jahre wurde im Central Park in New York die Leiche einer jungen Frau aufgefunden. Die Polizei hatte zwar einen Tatverdächtigen, konnte jedoch keine DNS sichern, um den Verdächtigen zu verhaften. Während seiner Befragung gab der dringend Tatverdächtige zu, am Tag, an dem die Frau zuletzt gesehen worden war, im Central Park mit seinem Hund spazieren gegangen zu sein. Ich ließ mir ein Foto seiner Hündin, die mittlerweile verstorben war, geben und fragte sie, was an jenem schicksalhaften Tag geschehen war.

Die Hündin bestätigte mir, dass ihr Herrchen die junge Frau überfallen und getötet hatte. Sie konnte mir detaillierte Einzelzeiten über den Ablageort der Leiche nennen und schickte mir Bilder mit der Kleidung, die das Opfer getragen hatte. Diese Informationen waren nie veröffentlicht worden.

In einem anderen Fall wurde ein Mann namens Brian aus seiner Wohnung, in der er mit seinen beiden Katzen lebte, entführt.

Der Fall wurde zu den Akten gelegt, da die Ermittlungsbehörden seine Leiche nicht finden konnten.

Eine seiner Katzen konnte mir während unserer Session spezifische Details übermitteln. Sie nannte mir die Initialen ARJ. Der Hauptverdächtige in diesem Fall war ein Mann, der Arnold Roberts Jr. hieß.

Die Katzen schilderten auch, was an dem Tag, an dem ihr Herrchen in seiner Wohnung überfallen worden war, passiert war. Sie beschrieben mir auch die beiden Männer, die an der Tat beteiligt waren, und hinterließen eine kryptische Botschaft, die aus *1515* und *TWO SPOONS (ZWEI LÖFFEL)* bestand.

Erst viele Jahre später, als Brians Leiche gefunden wurde, wurde die Bedeutung dieser Botschaft klar. Ein Farmer, der in einem abgelegenen Gebiet einen Acker pflügte, fand menschliche Überreste, die später als Brians Leiche identifiziert wurden. Die Adresse der Farm war 1515 Two Spoons Road.

Ich habe schon an genug Cold Cases gearbeitet, um sicher sein zu können, dass verstorbene Haustiere mir den Tathergang genau schildern können. Tiere haben weder Rachegefühle noch eigene Motive, und daher teilen sie Informationen auf objektive, ehrliche Weise mit. Selbst wenn die Behörden nicht genug Beweise hatten, um einen Täter zu verhaften, haben ihre detaillierten Informationen den zahllosen Opfern und ihren Familienangehörigen Antworten gegeben und es ihnen ermöglicht, die Sache innerlich abzuschließen und ihren Frieden zu finden.

Kapitel 19
Oje, diese Katzen!

Wie wir hier unten mit Katzen umgehen,
entscheidet über unseren Stand im Himmel.
– Robert A. Heinlein

Wer ist das klügste Tier von allen?

Ich werde oft gefragt, welche Tierart die intelligenteste ist. Auch wenn Sie nun vielleicht an Delfine, Menschenaffen oder Schweine denken, denke ich spontan an Katzen.

Natürlich sind auch diese anderen Tierarten zweifellos extrem intelligent, doch die meisten Sessions halte ich mit Katzen, Hunden und Pferden ab. Wie ich dabei festgestellt habe, werde ich – wenn überhaupt – von Katzen an der Nase herumgeführt.

Kater Benji, dessen alter Körper versagte, klopfte schon fast an die Himmelstür, als ich mich bei ihm einklinkte. Seine Besitzerin Ronnie hatte mich kontaktiert, um zu sehen, ob er vor dem Übergang in die geistige Welt stand. Als ich Verbindung zu ihm aufnahm, merkte ich, dass sein Körper allmählich herunterfuhr. Ich sagte Ronnie, dass es wahrscheinlich nicht mehr sehr lange sei, bevor er hinübergehen würde – vermutlich nur noch wenige Tage.

Raten Sie mal, wer sich nach unserer Session wieder erholte? Benji schöpfte neue Kräfte und lebte noch mehrere Monate. Ich kam mir wie ein Idiot vor. *Diese verdammten Katzen führen mich zu gern an der Nase herum!*

Wenn das geschieht, kann ich es ihnen jedoch nicht übelnehmen. Während einer Session hülle ich die Tiere mit so viel liebevoller Energie ein, dass die Nachwirkungen oft noch lange nach der Sitzung anhalten.

Wie ein zehn Jahre alter Kater namens Dudley mir berichtete, hatte er sich mehrere Tage lang erbrochen und einfach nur einen gereizten Magen. Er gab mir keine Informationen über andere Erkrankungen, und so sagte ich seinem Frauchen Julie, dass er schon bald wieder fit sein sollte. Doch wenige Tage später starb er unerwartet an einem aggressiven Lungentumor. Als ich später Verbindung zu ihm aufnahm, sagte er mir, seine Zeit sei gekommen und sein Frauchen oder die Tierärzte hätten sowieso nichts mehr für ihn tun können.

Manchmal irre ich mich. Schließlich bin ich auch nur ein Mensch und mache Fehler. Ich versuche, aus diesen Erfahrungen zu lernen, und mir ist klargeworden, dass ich ganz und gar nicht perfekt bin und auch keinen Anspruch auf gewisse Informationen habe, egal wie sehr ich mich auch bemühe.

Kapitel 20
Ein Vorhang der Privatsphäre

Manchmal gehen die am weitesten entwickelten Seelen die steinigsten Wege.
– Dr. Brian Weiss, M. D., Autor von *Many Lives, Many Masters*

Auch wenn während einer Session detaillierte Informationen übermittelt werden, kann es passieren, dass bestimmte Botschaften blockiert werden. Wir alle sind in einen Vorhang der Privatsphäre gehüllt, und auf manche Informationen habe ich einfach keinen Anspruch.

Keine Sorge – Ihr verstorbenes Tier wird mir weder Ihre Bankkontonummer noch Ihre Passwörter verraten. Es wird mir auch nicht Ihren Benutzernamen oder Ihre Schließfachkombination nennen. Ich weiß gar nicht mehr, wie oft ich schon nach den richtigen Lottozahlen gefragt wurde!

Wenn gewisse Informationen blockiert werden, fördert das die Entwicklung unserer Intuition und hilft uns zu lernen, unseren Instinkten zu vertrauen. Wenn wir alle Antworten auf unsere Probleme erhalten, wäre das wie Schummeln. Dann würden wir von dem Ding, das sich Leben nennt, nichts lernen.

Auch Ihre intimen Momente werden sicher hinter einem Schutzvorhang verborgen. Denken Sie an all die kompromittierenden Situationen, in denen Ihr Tier Sie in seinem Leben gesehen hat. Zum Glück teilen sie diese Bilder auch nicht mit mir.

Die pikanteste Botschaft, die ich je erhalten habe, kam von der Katze Jezebel. »Mami hat einen rosa BH!«, platzte sie heraus. Und tatsächlich: Elaine bestätigte, dass sie gerade einen rosa BH gekauft hatte.

Ich sah weder den BH noch Elaine, während sie ihn trug. Ich hörte nur die Worte.

Sie können sich darauf verlassen: Katzen übersehen nichts. Also keine Angst – Sie sind von einem Vorhang der Privatsphäre umgeben, und was in Ihrem Privatleben passiert, bleibt privat.

Ich hoffe, wenn Sie diese Geschichten lesen, werden Sie besser verstehen, wie unsere verstorbenen Haustiere von der anderen Seite aus mit uns in Verbindung bleiben. Im nächsten Teil des Buches widmen wir uns ernsteren Themen, wie beispielsweise Einschläfern und wie unsere Tiere den physischen Sterbeprozess erleben.

Auch werde ich einen näheren Blick auf den Trauerprozess werfen und Schritte nennen, die Ihnen helfen, vom Schmerz über den Verlust hin zur Heilung zu gelangen.

Auch wenn dies schwierige Themen sind, können Sie die Erfahrung Ihres Tiers hoffentlich in einem ganz neuen Licht sehen, wenn Sie es aus seinem Blickwinkel betrachten.

Teil III

Kapitel 21
Wenn das Ende naht

Ich werde dich niemals dafür verurteilen, dass du mir beim Abschied geholfen hast, als mein Körper am Ende war. Das ist das größte Liebesgeschenk.
– Aus dem Jenseits kommuniziert, Karen Anderson

Entscheiden Haustiere selbst, wann ihre Zeit des Übergangs gekommen ist?

Ihr Tier hat Ihnen sein Leben bis zum Ende seiner Tage anvertraut. Wenn dieser Zeitpunkt naht, können Ihre Gefühle Ihr Urteilsvermögen beeinträchtigen und die Entscheidung, wann der Tag gekommen ist, noch schwerer machen.

Viele verstorbene Haustiere haben mir gesagt, dass sie selbst entscheiden, wann sie übergehen werden. Sie haben extra gewartet, bis ihr Mensch weg war, bevor sie den Körper verlassen haben. Die meisten Tierhalter sind geschockt und betrübt, wenn sie bei der Rückkehr von einer Urlaubsreise oder einem Geschäftstrip erfahren, dass ihr geliebtes Haustier gestorben ist.

Ihre Schuldgefühle können sie überwältigen, oder sie können das Gefühl haben, dem geliebten Tier nicht gerecht geworden zu sein. Doch Tiere empfinden nicht unbedingt das Gleiche. Manche Haustiere verziehen sich sogar und suchen sich ein ruhiges Plätzchen weiter weg vom Haus, kurz bevor ihre Zeit gekommen ist.

Takoda, der Australian Cattle Dog

Als meine lieben Freunde Carla und Brad eines Morgens aufwachten, mussten sie feststellen, dass ihr geliebter Takoda friedlich im Schlaf gestorben war. Ich brachte Takodas Geschichte zuerst in meinem Buch *Hear All Creatures!*, nachdem er in Carlas erster Session 2005 ihre Geistführer vorstellte. Koda war ein attraktiver zwölf Jahre alter Australian Cattle Dog, der so klug war, dass er so ziemlich jede Aufgabe erfüllen konnte und buchstäblich Wörter und Sätze verstand. Als er unerwartet an Herzversagen starb, waren Carla und Brad verzweifelt. Sie wollten unbedingt von ihrem geliebten Tier hören. Beide hatten das Gefühl, dass sie nicht von ihm hatten Abschied nehmen können, da er starb, während sie nachts schliefen.

Takoda erschien so glücklich, lebendig und voller Liebe zu seinen Menschen wie immer. Er sagte uns, es sei der perfekte Zeitpunkt für ihn gewesen, um diese Welt zu verlassen. Wie er erklärte, war sein Übergang aus dem Körper völlig glatt verlaufen. Er berichtete, dass er jetzt mit ihren beiden anderen Hunden Monty und Piper zusammen war, die schon vor ihm im selben Jahr verstorben waren.

Als die Sitzung zu Ende ging, fragte Carla Koda noch, ob er eine Botschaft für Brad hätte. Kodas Botschaft lautete »WRUMM, WRUMM!«

»Er sagt ›WRUMM, WRUMM‹. Hat das für Sie eine Bedeutung?«, fragte ich.

Carla und Brad waren überglücklich. Sie wussten genau, was es bedeutete. Immer wenn sie Koda gefragt hatten: »Koda, wie macht ein Auto?«, machte er »WRUMM, WRUMM.«

Offensichtlich ging es Koda gut, und er war bereit für den Übergang gewesen. Carla und Brad gaben eine schöne Feier, nachdem sie Koda unter einem Lieblingsbaum begraben hatten.

Von allen Möglichkeiten, wie unsere Haustiere von uns Abschied nehmen, ist der sanfte Übergang im Schlaf die Sanfteste. Es gibt keinen stressigen Besuch in der Tierarztpraxis und kein Warten auf den Tierarzt. Ich selbst hatte noch nie ein Tier, das friedlich im Schlaf gestorben ist. Ich musste jedem Tier beim Übergang behilflich sein. Heute habe ich noch ein paar kleine Vierbeiner auf meiner Farm; also werde ich es vielleicht eines Tages erleben.

Ich höre oft von kranken oder alten Hunden, die plötzlich verschwunden sind, selbst wenn sie vorher noch nie aus dem Garten ausgebüxt sind. Ihre Menschen fragen sich dann, was mit ihrem geliebten Haustier geschehen ist, und glauben, sie hätten sie irgendwie verraten.

Das Wissen, was geschieht, wenn Ihr Tier in die geistige Welt übergeht, kann Ihnen inneren Frieden geben und Sie über den Verlust des Tiers hinwegkommen lassen.

Haustiere ziehen sich zurück, wenn sie sich auf den Abschied vorbereiten

Häufig befürchten wir, unsere Tiere würden sich im Jenseits verlaufen, wenn wir bei ihrem Übergang nicht bei ihnen sind. Manche Tiere wollen uns dabeihaben; andere sterben lieber allein. Es ist immer das Beste, zu Ihrem Tier Verbindung aufzunehmen und herauszufinden, was es in seinen letzten Momenten will.

Möglicherweise stellen Sie fest, dass Ihr Tier sich seltsam verhält und sich von Ihnen zurückzieht. Das könnte ein Anzeichen dafür sein, dass es sich auf den Übergang vorbereitet.

Manche Haustiere fühlen sich verwundbar, wenn ihre Körperfunktionen allmählich nachlassen. Sie wollen nicht unbedingt, dass die anderen Tiere im Haushalt sie in diesem geschwächten Zustand sehen. Lassen Sie zu, dass das Tier sich einen stillen, ruhigen Platz sucht, an dem es sich ausruhen und Schutz finden kann.

In der Wildnis ziehen sich Tiere oft von ihrer Herde oder ihrem Rudel zurück, wenn ihr Leben zu Ende geht. Ihr Instinkt treibt sie dazu. Geschwächte, kranke oder verletzte Tiere locken Raubtiere an und bringen so möglicherweise den Rest der Herde oder des Rudels in Gefahr. Manche Tiere werden sogar ausgestoßen, da sie ein Risiko für die restliche Herde darstellen.

Dann ziehen sie sich zurück und erliegen bald darauf ihrer Krankheit oder Verletzung oder werden als Beute gerissen. Es ist der reine Überlebensinstinkt, der den Rest der Herde oder des Rudels schützt.

Es liegt in der Natur der Tiere, sich für ihre letzten Augenblicke ein ruhiges Plätzchen zu suchen

Es ist eine menschliche Vorstellung, dass wir uns um die Sterbenden versammeln, ihnen beistehen und all ihre Wünsche erfüllen müssen. Wenn Ihr Tier lieber allein ist, dann vergessen Sie bitte nicht, dass das nichts über Sie persönlich aussagt und auch kein Hinweis darauf ist, dass es Sie nicht liebt. Es ist einfach das Wesen der Tiere. Sie hören nur auf ihren starken Instinkt und handeln im Sinne von Mutter Natur.

Lassen Sie Ihrem Tier seine Würde, während es sich darauf vorbereitet, diese Erde zu verlassen.

Wie Sie Ihrem Haustier bei seiner Vorbereitung auf den Abschied helfen können

Machen Sie Ihrem Tier die letzten Tage so angenehm wie möglich. Beobachten Sie seine Körpersprache und körperlichen Hinweise, um so seine Bedürfnisse zu erkennen. Sagen Sie ihm laut, wie sehr Sie es lieben und wie dankbar Sie für das Leben sind, das Sie mit ihm geteilt haben.

Tipps, wie Sie Ihrem Tier helfen können, sich auf den Übergang vorzubereiten:

- Bleiben Sie emotional ruhig, da starke Gefühle Ihrem Tier die letzten Momente erschweren können.
- Sorgen Sie dafür, dass es in Ruhe gelassen und von Lärm, anderen Tieren und kleinen Kindern ferngehalten wird.
- Versuchen Sie, es nicht ständig zu umsorgen und mit Liebe zu überschütten.
- Lassen Sie zu, dass es sich zurückzieht, wenn es das will.
- Denken Sie liebevolle Gedanken und erinnern Sie sich an glückliche Augenblicke mit ihm.
- Bitten Sie Ihre verstorbenen Lieben, es bei seinem Übergang in Empfang zu nehmen.
- Stellen Sie sich vor, dass Ihr Tier von seinem Körper, der ihm nicht mehr dient, befreit wird.
- Stellen Sie sich vor, dass es an einen wunderschönen Ort voller Wärme, Behaglichkeit und Liebe geht.

- Legen Sie ihm eine Decke, ein Handtuch oder Hemd hin, das Sie vor kurzem getragen haben, damit es Ihren Geruch bei sich hat, vor allem in der Tierarztpraxis.
- Sprechen Sie beruhigend mit leiser Stimme und finden Sie den inneren Frieden, den Sie brauchen, um es gehen zu lassen.
- Sagen Sie ihm, wie sehr Sie es vermissen werden, aber dass Sie verstehen, dass seine Zeit gekommen ist.

Wenn Sie spüren, dass das Leben Ihres Tiers zu Ende geht, dann geben Sie Ihr Bestes, um seine Bedürfnisse zu befriedigen. Ihre ruhige, liebevolle Energie wird ihm den Übergang aus dem Körper erleichtern.

Kapitel 22
Einschläfern
Die unmögliche Entscheidung

Der Tag, an dem du deinen letzten Atemzug nahmst, war der Tag, an dem meine Welt in Dunkelheit versank.
– Lynda Cheldelin Fell

Wenn die letzten Tage Ihres Tiers gekommen sind, schwebt die düstere Entscheidung, es einschläfern zu lassen, wie eine dunkle Wolke über Ihnen. Jeder, der schon mal mit dieser unmöglichen Entscheidung konfrontiert war, weiß aus erster Hand, wie schwer und verwirrend diese Zeit sein kann.

Die letzten Tage sind eine Qual; sie sind eine emotionale Achterbahn. Es gibt gute Tage, an denen sich der Zustand des Tiers verbessert; und dann gibt es schlechte Tage, an denen Sie Ihren Egoismus hinterfragen, weil Sie Ihr Tier unbedingt am Leben erhalten wollen.

Manchmal erholen sich Tiere wie durch ein Wunder und scheinen wieder ganz die Alten zu sein, und wenn man glaubt, sie hätten die Kurve gekratzt und würden heilen, geschieht das Unausweichliche und ihr Zustand verschlechtert sich zunehmend.

Das passiert gewöhnlich nachts, am Wochenende oder an einem Feiertag – zur unpassendsten Zeit. Es gibt keinen richtigen Zeitpunkt, an dem das Leben Ihres Tiers zu Ende geht. Und es zwingt uns zu der Entscheidung, die keiner von uns je fällen möchte: der unmöglichen Entscheidung, das Leben unseres geliebten Tiers zu beenden.

Ist es richtig, sein Leben zu beenden?

Wir wissen: Eines Tages kommt der Zeitpunkt, an dem wir Abschied nehmen müssen. Viele von uns hoffen insgeheim, dass ihr Haustier friedlich im Schlaf sterben wird und sie vor dieser unvorstellbaren Tat verschont werden. Wir verbringen unser Leben damit, uns um unsere Tiere zu kümmern, und das Letzte, was wir tun wollen, ist, ihrem Leben ein Ende zu setzen.

Manche Leute sagen, es sei nicht richtig, ein Leben zu beenden. Andere glauben, es sei grausam, ein Tier leiden zu lassen, wenn wir seine Schmerzen auf humane Weise beenden können. Unabhängig von unserer Meinung ist die Liebe zu unseren Haustieren universal und bleibt das Band, das uns verbindet. Die Macht der Liebe, die wir für unsere Tiere empfinden, vereint uns.

Viele meiner Klienten berichten, sie hätten keine Ahnung gehabt, dass ihr Tier krank war. Sie sagen, das Tier habe noch völlig gesund gewirkt und sei von heute auf morgen schwer krank gewesen. Auch wenn Sie das vielleicht im ersten Moment denken, erinnern wir uns häufig an Warnzeichen, die wir als harmlos abtun oder übersehen haben.

Seltsames Verhalten als harmlos abtun

Es passiert vielen von uns; ich bin da keine Ausnahme. Auch ich habe schon seltsames Verhalten oder Probleme mit meinen Haustieren abgetan und geglaubt, es sei nichts Ernstes.

Wenn das Tier dann starb, trug ich die schwere Last der Schuldgefühle. Sie mögen vielleicht glauben, ich hätte es leicht, weil ich doch mit meinen Tieren kommunizieren kann, aber das ist nicht immer der Fall. Auch wenn ich sie fragen kann, wie es ihnen geht, und ihren Schmerzlevel herausfinden kann, muss ich dennoch meinen gesunden Menschenverstand anwenden und aus früheren Erfahrungen lernen.

Mit den Jahren habe ich gelernt, auf die feinen Details und subtilen Hinweise zu achten, und ich gebe mein Bestes, bei bekannten Krankheiten genau hinzuschauen. Es ist zwar keine Garantie und manchmal übersehe auch ich etwas, aber ich ignoriere seltsames Verhalten nicht mehr.

Stresst Einschläfern die Tiere weniger?

Manche Leute glauben, sie sollten ihre Haustiere einfach sterben lassen. So würde es in der Natur auch ablaufen, wenn wir uns nicht einmischen würden. Auch wenn das stimmen mag, sagen mir verstorbene Haustiere oft, dass es ein Todeskampf war, dass sie sehr gelitten haben oder Schmerzen hatten, bevor sie starben.

Aus diesem Grund bin ich für das Einschläfern der Tiere, wann immer es möglich ist. Wie die Tiere mir berichten, ist das emotionale und körperliche Trauma weitaus geringer, wenn sie eingeschläfert werden. Indem Sie ruhig bleiben, helfen Sie Ihrem Tier, die letzten Momente seines Lebens friedlich durchzumachen. Letztendlich ist es Ihre persönliche Entscheidung, ob Sie Ihr Tier einschläfern lassen oder nicht, und Sie sollten das tun, was sich für Sie richtig anfühlt. Für was auch immer Sie sich entscheiden – das Lebensende Ihres Haustiers bringt starke Schuldgefühle mit sich.

Wann ist der richtige Zeitpunkt, ein Tier einschläfern zu lassen?

Manche von uns fühlen sich schuldig, wenn sie sich entschieden haben, ihr Tier einschläfern zu lassen, statt für eine teure medizinische

Behandlung zu zahlen. Wir kämpfen mit der Entscheidung, wann wir das Tier erlösen sollen, und fragen uns, ob es dann über uns wütend ist und ob es uns je dafür verzeihen wird, dass wir sein Leben beendet haben.

Wir machen uns Sorgen, dass es leidet oder Schmerzen hat. Möglicherweise stellen wir uns immer wieder dieselben Fragen. War es der richtige Zeitpunkt? Habe ich zu lange gewartet? Oder habe ich sein Leben zu früh beendet? Mit dem tatsächlichen Todeszeitpunkt befasse ich mich in einem späteren Kapitel, doch an dieser Stelle wollen wir uns ansehen, wie wir wissen können, wann der richtige Zeitpunkt für den Abschied ist.

Nur Sie können diese persönliche Entscheidung treffen

Der richtige Zeitpunkt, Ihr Tier einschläfern zu lassen, ist eine persönliche Entscheidung zwischen Ihnen, dem Tierarzt und Ihrem Haustier. Ich sage Ihnen zwar nicht, wann Sie es erlösen sollten, doch ich kann Ihnen dabei helfen herauszufinden, wie sich Ihr Tier fühlt, wie stark seine Schmerzen oder Beschwerden sind, und ob es bereit ist, seinen Körper zu verlassen.

Manche Tiere stecken ihre Gesundheitsprobleme extrem gut weg und sagen mir, es ginge ihnen gut. Andere flehen mich an, ihrem Menschen zu sagen, dass er ihnen hilft, den Körper zu verlassen. Sie kennen Ihr Haustier besser als jeder andere, und daher ist es immer das Beste, sich auf Ihren Instinkt zu verlassen und auf Ihre Intuition zu hören.

Wenn Sie immer noch zaudern, was Sie tun sollen, sollten Sie sich von Ihren eigenen Gefühlen distanzieren und überlegen, was für Ihr

Tier das Beste ist. Welche Entscheidung schützt es vor unnötigen Schmerzen?

Versuchen Sie als Tierhalter, im Interesse Ihres Tiers zu handeln und Ihre Entscheidung auf der Basis dessen, was für Ihr Tier das Beste ist, zu treffen.

Machen Sie sich Ihre Einstellung zu tödlichen Krankheiten oder dem Sterbeprozess bewusst, bevor Ihr Tier an diesem Punkt ist. Stellen Sie sich den Tod als eine Erlösung vor, nicht als ein Ende, sondern als den Anfang eines neuen spirituellen Lebens nach dem Tod.

Kapitel 23
Der Stachel des Todes

Abschiede sind nicht für immer.
Abschiede sind nicht das Ende.
Sie bedeuten nur, dass ich dich vermissen werde, bis wir uns wiedersehen!
– Unbekannter Verfasser

Es kann sehr schwer sein, seinem Tier in dem Moment zuzusehen, wenn es eingeschläfert wird. Das musste ich schon ganz oft tun, und es wird nie leichter. Die eingespritzte Flüssigkeit kann brennen, wenn sie in den Blutkreislauf strömt, und möglicherweise schreit Ihr Tier dann auf.

Manche Tierärzte verabreichen dem Tier ein Narkosemittel für den Tiefschlaf und das Tier schläft ganz friedlich ein.

Die Tiere erwähnen den Kampf vor dem Übergang, den Sie vielleicht mitbekommen, nur selten. In den meisten Fällen sind es ihre natürlichen Reflexe, wenn das Herz aufhört zu schlagen. Gewöhnlich sind sie so glückselig darüber, ihren Körper hinter sich gelassen zu haben, dass sie die unangenehmen Anzeichen, die Sie beobachten, gar nicht miterleben.

Wenn Sie sich schuldig fühlen, weil Sie Ihr Haustier einschläfern lassen müssen oder mussten, sollten Sie sich Folgendes klarmachen: Wenn Sie aus Liebe im Herzen heraus handeln, wenn Sie nur das Richtige für Ihr Tier tun wollen, dann spürt es das auch und macht Sie dafür nicht verantwortlich.

Denken Sie für einen Augenblick über diese Situation nach: Jeden Tag im Leben Ihres Haustiers kümmern Sie sich um das Tier und lieben es von ganzem Herzen. Sie füttern es, geben ihm seine Medikamente und planen Ihren Tag vermutlich so, dass Sie seinen Bedürfnissen gerecht werden.

Ihr Haustier weiß, wie sehr Sie es lieben, und es fühlt, dass Sie in bester Absicht handeln, wenn Sie es erlösen.

Eine ganz andere Sache wäre es, wenn Sie es jeden Tag darauf anlegen würden, Ihrem Tier nur Schmerzen zuzufügen und sein Leben unerträglich zu machen. Hätten Sie beabsichtigt, ihm Schaden zuzufügen, hätte es das gespürt. Da das jedoch nicht der Fall ist, können Sie sicher sein, dass Ihre guten Absichten klar und deutlich bei Ihrem Tier angekommen sind.

Zum Glück scheinen die letzten Momente auf dieser Erde den Tieren nicht so wichtig zu sein. Sie beschreiben den Tod nur selten anders als beglückend.

Das Beste, was Sie tun können, um Ihrem Tier in den letzten Minuten seines Lebens zu helfen, ist, ruhig zu bleiben und es in liebevolle Gedanken zu hüllen.

Kapitel 24
Einäschern oder Begraben?

Wie glücklich ich bin, etwas zu haben,
was den Abschied so schwer macht.
– Pu der Bär

Was unsere Haustiere wollen

Wie sollen wir mit den Überresten unseres Tiers umgehen? Sollen wir es einäschern lassen und die Urne mit seiner Asche auf ein Regal im Wohnzimmer stellen? Sollen wir es beim Tierarzt lassen, damit es in einem Massengrab beerdigt wird? Sollen wir es im Garten begraben oder seine Asche an seinem Lieblingsort verstreuen? Auch wenn das ein schwieriges Thema ist, ist es doch eine Tatsache, der wir uns stellen müssen, wenn wir uns von unserem lieben und treuen Freund verabschieden.

Die meisten Entscheidungen werden in stressigen Situationen getroffen oder wenn ein Tier schwer krank wird. Ich habe schon viele interessante Varianten gehört, was Menschen mit den Überresten ihres Haustiers tun – von der Tierpräparation bis hin zur Bestattung und so ziemlich alles dazwischen. Die Antworten der Tiere sind immer erhellend und bieten eine neue Sichtweise.

Truffles

Schon vor dem Tag, an dem Perri sich von ihrer geliebten Yorkshireterrier-Hündin verabschieden musste, hatte sie entschieden, was sie mit Truffles' Überresten machen würde. Als sich das irdische Leben ihrer alten Hündin dem Ende näherte, war ein Leben ohne sie unvorstellbar für Perri. Sie konnte den Gedanken, ohne die geliebte Begleiterin weiterleben zu müssen, nicht ertragen. Daher arrangierte sie, dass Truffles mit Hilfe von Kryokonservierung präpariert wurde. Diese Trockeneiskonservierung ist eine einzigartige Alternative zur Einäscherung oder Beerdigung.

Truffles freute sich über ihr lebensechtes Abbild und sagte, sie habe sich nach der Vollendung des Prozesses »sehr geliebt und als etwas Besonderes« gefühlt.

»Das bin ich!«, strahlte sie.

Das Ergebnis war beeindruckend, und es tröstete Perri, ihr süßes Hundemädchen in Lebensgröße auf ihrem rosa Kissen zu sehen. Es war sicherlich ungewöhnlich im Vergleich zu dem, was die meisten Leute mit den Überresten ihres Haustiers machen, doch hier sind noch ein paar außergewöhnliche Fälle:

Einäscherung

Als Bill und Andrea mich baten, Verbindung zu ihrem verstorbenen Kater Max aufzunehmen, zeigte dieser mir ein Holzkästchen, auf dem sein Name eingraviert war.

»Das Holzkästchen steht gleich neben dem Kamin.« Die beiden freuten sich tierisch darüber, dass Max das Kästchen kannte. »Es gibt uns ein Gefühl von Frieden, zu wissen, dass seine Überreste nahe bei uns sind. Es ist, als wäre er noch hier, noch bei uns.«

Melissa machte einen Termin für eine Session mit ihren beiden verstorbenen Katzen Lilly und Penny aus. Als ich Lillys Energie empfing, zeigte sie mir immer wieder ihr seidiges schwarzes Fell. »Rede über das Fell«, sagte sie. Ich dachte, dass Lilly wohl einfach nur ein Kätzchen mit seidigem Fell war, das Melissa zeigen wollte, wie sehr ihr Fell in der geistigen Welt schimmerte.

Als ich zu Penny Verbindung aufnahm, trug sie mir auf zu sagen: »Ich bin dicht an ihrem Herzen.« Sie zeigte mir immer wieder die Form eines Valentinsherzens.

Melissa erklärte, wie viel diese beiden Botschaften ihr bedeuteten, denn nach dem Tod jeder der beiden Katzen hatte sie einen Teil ihrer Asche und ein Büschel Fell in ein herzförmiges Medaillon gefüllt, das sie täglich trug.

Beide Katzen waren glücklich zu wissen, dass ihr Frauchen jeden Tag an sie dachte, während es das Medaillon trug. Sie spürten Melissas Liebe zu ihnen, und das machte sie glücklich.

Was Tiere von Begräbnissen halten

Die meisten Tiere fühlen sich nach ihrem Übergang nicht mehr mit ihren irdischen Überresten verbunden. Meist können sie es gar nicht erwarten, auf ihre Reise in die geistige Welt aufzubrechen. Nur wenige Haustiere erwähnen, was aus ihren Überresten geworden ist.

Sandra war am Boden zerstört, als ihr Mann den verstorbenen Familienhund Sammy beim Tierarzt ließ, um ihn in einem Massengrab zu entsorgen, während sie auf Geschäftsreise war.

Seit seinem Tod machte sie sich Sorgen, dass Sammy im Jenseits wie verloren umherirren und seinen Weg nicht finden könnte. Ganz und gar nicht, berichtete Sammy. Es interessierte ihn kein bisschen, was mit seinem Körper geschehen war.

»Da bin ich nicht mehr«, sagte er und zeigte mir Bilder von einem Garten mit Swimmingpool und überdachter Terrasse. »Sag ihr, dass ich *da* bin.«

Sandra war so erleichtert, weil Sammy es früher geliebt hatte, auf einer Luftmatratze im Swimmingpool ihres paradiesischen Gartens zu treiben.

Tun Sie, was Sie glücklich macht

Die meisten Haustiere, mit denen ich kommuniziere, verbindet nach ihrem Tod nichts mehr mit ihren physischen Überresten. Sie lieben es, wenn wir an sie denken. Tun Sie daher, was sich für Sie gut anfühlt. Wenn Ihr Tier verschwunden ist oder Sie seine Überreste nicht haben, reicht es auch, eine Feier abzuhalten, ein Gebet zu sprechen, eine Kerze anzuzünden oder sich einfach liebevoll an das Tier zu erinnern.

Ihr Tier wird sich geehrt und als etwas Besonderes fühlen, wenn Sie es so in Erinnerung halten, wie es im Leben war – glücklich, gesund und ganz. Letztendlich ist ihm alles recht, was Sie glücklich macht.

Haben Tiere eine Seele?

Ich habe schon Theorien darüber gehört, dass Tiere keine Seele hätten oder bei ihrem Tod in ein Gruppenbewusstsein eingehen und ihre individuellen Eigenschaften verlieren würden. Wie ich festgestellt habe, ist das falsch.

Jedes verstorbene Tier, zu dem ich Verbindung aufgenommen habe, hat seine einzigartige Persönlichkeit beibehalten. Wenn die Seele des Tiers in der geistigen Welt vorankommt, kann sie beschließen, sich einem kollektiven Bewusstsein anzuschließen.

Die Verschmelzung mit dieser Art von Seelengruppe hat auf alle eine verjüngende Wirkung, und dennoch bleiben die Seelen mit den Menschen, die sie lieben, verbunden.

Kapitel 25
Die Reise durch die Trauer

Es ist nicht vorgesehen, dass Trauer das endgültige Ziel der Seele ist, sondern eher, dass sie ein Rastplatz fürs Herz auf unserem Weg der Heilung ist.
Aus dem Jenseits kommuniziert, Karen Anderson

Es gehört zu den größten Herausforderungen des Lebens, mit dem Verlust eines geliebten Haustiers fertigzuwerden. Häufig wird man von Trauer und Schmerz überwältigt. Man kann alle möglichen plötzlichen Gefühle entwickeln, angefangen bei Verleugnung, Schock oder Wut bis hin zu Schuldgefühlen, Verneinung und tiefer Verzweiflung.

Der Schmerz der Trauer kann auch Ihre körperliche Gesundheit beeinträchtigen, so dass Sie kaum mehr essen, schlafen oder klar denken können. Das sind häufige Reaktionen auf den Verlust eines geliebten Tiers.

Ihre Haustiere lieben Sie so sehr und wünschen sich, dass Sie den Verlust so schnell wie möglich überwinden. Sie wachen über Ihnen und warten treu an Ihrer Seite, während Sie die einzelnen Trauerphasen durchlaufen.

So schwer es auch ist, einen Verlust zu verarbeiten – es gibt gesunde Möglichkeiten, wie man mit dem Schmerz umgeht. Doch bevor wir uns diesen Schritten zuwenden, müssen wir uns näher mit der Frage beschäftigen, was Trauer ist – und was nicht.

Trauer wird als normale und natürliche Reaktion auf einen bedeutenden Verlust aller Art definiert. Es gibt viele verschiedene

Auslöser für Trauer, wie beispielsweise der Verlust einer Arbeitsstelle oder einer Beziehung, doch der Verlust eines geliebten Haustiers oder Menschen gehört zu den tiefsten Verlustsituationen, die wir im Leben erfahren.

Was Trauer *nicht* ist

Trauer ist keine Krankheit. Sie ist auch kein pathologischer Zustand und keine Persönlichkeitsstörung. ***Trauer ist keine Depression;*** kann jedoch Depressionen auslösen. Sie ist auch kein Zeichen von Schwäche oder einer schwachen Persönlichkeit. Es ist nun mal nicht leicht, einen schweren Verlust zu überwinden.

Häufige Symptome der Trauer

Auch wenn Menschen unterschiedlich auf einen Verlust reagieren, sollten Sie nicht vergessen, dass so gut wie alles, was Sie in den frühen Trauerphasen durchleben, völlig normal ist.

Schock, Unglaube, Trauer, Wut und Schuldgefühle sind einige der häufigsten Trauersymptome. Möglicherweise fühlen Sie sich auch hoffnungslos, innerlich leer oder sehr einsam.

Vielleicht weinen Sie viel oder haben starke Gefühlsschwankungen. Manche Leute können womöglich gar nicht weinen. Weinen ist eine normale Reaktion auf Traurigkeit, aber es ist nicht die einzige. Menschen, die nicht weinen, können den Schmerz genauso tief fühlen wie Menschen, die weinen. Möglicherweise zeigen sie ihre Trauer ganz einfach auf andere Weise.

Körpersymptome

Oft halten wir Trauer für einen reinen Gefühlsprozess, doch die Trauer geht auch häufig mit körperlichen Symptomen wie Müdigkeit,

Übelkeit, einem geschwächten Immunsystem, Gewichtsverlust oder Gewichtszunahme, Schmerzen und Beschwerden sowie Schlafstörungen einher.

Das Syndrom des gebrochenen Herzens

Starke körperliche Schmerzen nach einem Verlust sind ein Anzeichen für starke Liebe oder Stress und könnte das sein, was auch das *Syndrom des gebrochenen Herzens* genannt wird.

Frauen sind für dieses Syndrom anfälliger und sollten sich beim ersten Anzeichen von körperlichen Schmerzen Hilfe holen. Weitere Informationen über das Syndrom des gebrochenen Herzens finden Sie auf der Webseite www.heart.org.

Kapitel 26
Nach dem Tod eines Haustiers

Schon seit jeher erfährt die Liebe erst in der Stunde der Trennung ihre Tiefe.
– Khalil Gibran

Nach dem Tod ihres Tiers wissen viele nicht, was sie dem Trauernden als Trost sagen sollen. Es ist nicht leicht, mit jemandem über den Verlust seines Tiers zu sprechen.

Wir wollen den Trauernden nicht noch trauriger machen oder ihm zu nahe treten. Daher schweigen wir oft lieber. Und wenn wir doch etwas sagen, kann es falsch herüberkommen.

Hier sind ein paar Phrasen, die man vermeiden sollte, wenn jemand einen Verlust zu beklagen hat:

- **Jetzt ist es an einem besseren Ort.** Das klingt so, als wäre es bei uns an einem schrecklichen Ort untergebracht gewesen.
- **Wenigstens muss es jetzt nicht mehr leiden.** Darin schwingt mit, dass es bei uns gelitten hat.
- **Du kannst dir jederzeit ein neues Tier anschaffen.** Das bedeutet, dass unser Tier austauschbar war. Wir wollen kein neues Tier. Wir wollen unser Tier!
- **Es ist alles Gottes Plan.** Darin steckt die Andeutung, Gottes Plan sei, uns großes Leid zuzufügen.

- **Wenigstens hast du noch deine anderen Tiere.** Ich will aber nicht meine anderen Tiere. Ich will dieses Tier.
- **Es ist an der Zeit, die Trauer zu lassen.** Ich bin aber noch nicht bereit dazu, die Trauer hinter mir zu lassen. Jetzt geht es mir noch schlechter.
- **Ich weiß, wie sehr du ihn/sie geliebt hast.** Nein, du weißt nicht, wie viel Liebe ich für dieses Tier empfunden habe.
- **Ich weiß genau, wie du dich fühlst.** Du weißt nicht, wie sich mein Schmerz anfühlt.
- **Das Tier hatte ein langes und glückliches Leben bei dir. Darüber solltest du glücklich sein.** Nein, ich bin tieftraurig darüber, dass es nicht mehr da ist. Es tut weh, ein Tier zu verlassen, das ich so viele Jahre geliebt habe.
- **Du hast so viele Tiere. Mittlerweile solltest du an so was gewöhnt sein.** Nein, an den Schmerz werde ich mich nie gewöhnen. Jeder Verlust bringt einen neuen Schmerz mit sich.

Weitere Phrasen, die man vermeiden sollte:

- **Vermeiden Sie es, den Schmerz mit Ihrem eigenen zu vergleichen.** Zum Beispiel: »Ich habe gerade meine Katze verloren und weiß, wie du dich fühlst.«

Nein, du weißt nicht, wie ich mich fühle. Meine Gefühle gehören mir.

- **Vermeiden Sie es, Gruselgeschichten vom Tod anderer Haustiere zu erzählen.** Wie beispielsweise: »Meine Schwester hat gerade ihren Hund überfahren. Das war schrecklich.«
- **Vermeiden Sie den Versuch, den Trauernden aufzuheitern.** Vielleicht ist er dafür noch nicht bereit.
- **Vermeiden Sie, ihn zu fragen, ob alles in Ordnung ist.** Es ist *nicht* alles in Ordnung; er steckt in tiefer Verzweiflung.

Wenn jemand, den Sie kennen, ein Haustier verloren hat, sollten Sie versuchen, auf seine verletzlichen Gefühle Rücksicht zu nehmen. Vielleicht können Sie sich noch daran erinnern, wie Sie sich nach einem Verlust gefühlt haben. Mit Freundlichkeit und Güte können Sie viel bewirken, wie Sie im nächsten Kapitel sehen werden.

Kapitel 27
Wie Sie jemandem nach seinem Verlust helfen können

Jeder positive Gedanke führt dich in die richtige Richtung.
– Verfasser unbekannt

Nach einem Verlust wollen wir oft einfach nur, dass unser Verlust verstanden wird. Wir wollen nicht in diesem Zustand ausharren; wir wollen, dass unsere Gefühle von anderen wahrgenommen werden. Wenn wir mit anderen teilen können, wie sehr wir das gestorbene Tier geliebt haben, hilft uns das, unsere Gefühle zu verarbeiten.

Hier sind ein paar Beispiele, was Sie einem Trauernden, der einen Verlust erlitten hat, sagen können:

Nehmen Sie seinen Verlust ernst:

- »Es tut mir so leid zu hören, dass (Name des Tiers) gestorben ist. Ich kann mir gar nicht vorstellen, wie schwer das für dich sein muss.«
- »Es tut mir so leid, dass du jetzt so eine schwere Zeit durchmachen musst.«
- »Ich bin für dich da.«
- »Sag Bescheid, wenn ich irgendwas für dich tun kann.«
- »Ich bin da, falls du darüber reden willst.«

Noch mehr Wege, wie Sie helfen können

Melden Sie sich in den Tagen, Wochen und Monaten nach dem Verlust regelmäßig bei dem Trauernden. Das dauert nur eine Sekunde, bedeutet diesem Menschen aber viel.

- Manchmal hilft es, ihm nur still Gesellschaft zu leisten.
- Manche Menschen wollen lieber allein sein. Schicken Sie dem Trauernden in diesem Fall eine SMS oder rufen Sie ihn an, um zu zeigen, dass er Ihnen nicht egal ist.
- Bringen Sie ihm Blumen vorbei, schicken Sie ihm eine Beileidskarte oder spenden Sie etwas in Erinnerung an sein Tier.

Stellen Sie sich vor, Sie würden das Herz dieses Menschen mit Liebe auffüllen. Überschütten Sie ihn im Geiste mit positiven Gedanken. Jedes liebevolle Wort oder jeder freundliche Gedanke wird ankommen.

Kapitel 28
Wie man die Trauer überwindet

Heilen ist eine Kunst. Sie braucht Zeit, sie braucht Übung. Sie braucht Liebe.
– Maza Dohta

Wir alle müssen uns den Weg durch den Schleier der Trauer in die Heilung bahnen. Der Schmerz oder die Trauer kann Sie dazu veranlassen, sich von anderen zurückzuziehen und sich in eine Welt des Schmerzes zurückzuziehen. Manche von uns brauchen diese Zeit der Einsamkeit, in der sie Frieden finden. Sie fühlen sich besser, wenn sie für sich bleiben und in ihrem privaten Bereich die Trauer verarbeiten.

Manche wiederum ziehen womöglich die Gesellschaft anderer vor und fühlen sich besser, wenn sie von Verwandten oder Freunden umringt sind. Tun Sie, was sich für Sie richtig anfühlt. Wenn Sie lieber andere Leute um sich herum haben, dann erlauben Sie sich, sich auf andere Themen als Ihren Verlust zu konzentrieren.

Nach einem Verlust Unterstützung finden

Die meisten von uns haben ein Netzwerk von Leuten, die ihnen nahestehen, oder Kollegen, die nach einem Verlust helfen wollen. Das ist der perfekte Zeitpunkt, sich an die starken Schultern der Menschen zu lehnen, denen Sie etwas bedeuten, auch wenn Sie Wert darauf legen, stark und unabhängig zu sein. Wenden Sie sich an Ihre Freunde und Familienangehörigen oder suchen Sie sich eine Trauerselbsthilfegruppe.

Suchen Sie im Glauben oder Spiritualität Trost

Nehmen Sie den Trost an, den Trauerrituale bringen können, wenn Sie gläubig sind. Spirituelle Aktivitäten, die Ihnen etwas bedeuten, wie beispielsweise Beten, Meditieren oder Gottesdienste, können Trost spenden.

Falls Sie Ihren Glauben nach dem Verlust in Frage stellen, sollten Sie ein Kirchenmitglied oder ein Mitglied Ihrer Gemeinde um Rat fragen.

Die Unterstützung anderer kann Ihnen helfen zu heilen

Treten Sie einer Selbsthilfegruppe bei oder suchen Sie sich einen Trauerberater, der Sie bei der Verarbeitung Ihrer Gefühle unterstützen kann. Beides kann Ihnen auf dem Weg zur Heilung helfen. Es ist ganz wichtig, sich um sich selbst zu kümmern und um Hilfe zu bitten, wenn Sie Hilfe brauchen. Ihr verstorbenes Tier liebt Sie so sehr und will, dass Sie so schnell wie möglich heilen.

Suizid

Nur in wenigen Fällen sagten mir meine Klienten, sie wollten ihr Leben beenden, da sie ohne ihr geliebtes Tier nicht weiterleben könnten. Zum Glück war ich durch den Polizeidienst darin ausgebildet, mit Suizidgefährdeten umzugehen, und konnte jeden dieser Klienten dazu ermutigen, sich professionelle Hilfe zu suchen und seine Trauer zu überwinden.

Vergessen Sie nicht: Ihr Tier liebt Sie mehr als irgendjemand sonst auf der Welt, und es will, dass Sie für den Rest Ihres Lebens glücklich und zufrieden sind. Eines Tages, wenn unser Tag des Übergangs gekommen ist, werden wir mit unseren verstorbenen Lieben wieder zusammenkommen, und dann wird unser Band der Liebe stärker als je zuvor sein.

Quellen:

Weitere Informationen finden Sie auf www.helpguide.org.

Kapitel 29
Reinkarnation

Du bist schon oft geboren und gestorben.
Du bist die Seele, die all deine Leben gelebt hat.
– *Das zweite Leben des Billy Fingers,* eine wahre Geschichte
- Annie Kagan

Schon bevor ich ein Medium wurde, interessierte ich mich für das Thema Wiedergeburt. Die Vorstellung faszinierte mich. Ich war ziemlich sicher, dass wir wieder zurückkommen und noch ein paar Leben durchlaufen. Heute, nach zwei Jahrzehnten der Bestätigungen, bin ich vollkommen überzeugt davon, dass Tiere wiedergeboren werden, manchmal sogar mehr als einmal in einem Leben.

Ich habe Dutzende von Fällen miterlebt, die Beweise dafür lieferten, dass die Tiere wiedergeboren wurden und zu ihren geliebten Menschen zurückkehrten. Auch wenn es alles unglaublich faszinierende Geschichten sind, sticht doch eine Geschichte über Reinkarnation heraus.

Captain

Frank kontaktierte mich, als er seinen fünf Jahre alten Pitbull durch eine genetische Krankheit verlor. Frank war durch diesen plötzlichen Verlust am Boden zerstört und wandte sich an mich, weil er hoffte, dadurch Verbindung zu seinem Hund Captain aufnehmen zu können.

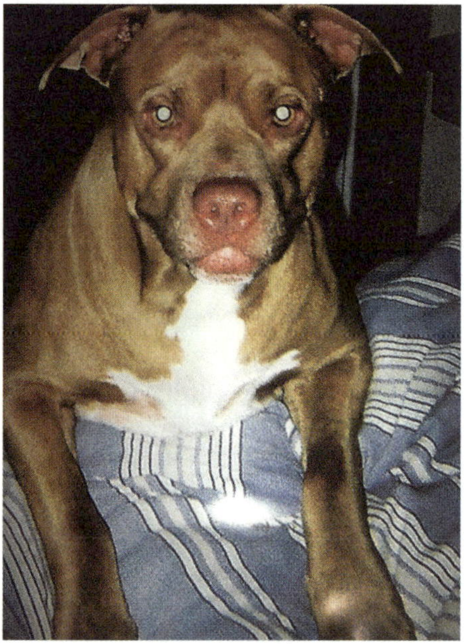

Captain

Früher war Frank sehr skeptisch gewesen und hatte Wiedergeburt für »einen Haufen Unsinn« gehalten, wie er mir später beichtete. Doch der plötzliche Verlust seines Hundes Captain brachte ihn dazu, sich näher damit zu befassen.

Frank erzählte, dass er viele Tierkommunikatoren gegoogelt habe, doch schließlich auf meiner Webseite hängen geblieben sei. Ich vermute, Captain hatte Frank in meine Richtung gelenkt.

Sobald Frank Captain fragte, ob er zu ihm zurückkommen würde, erhielt ich ganz deutliche Bilder und Mitteilungen.

Captain sagte mir, Frank werde ihn an einem Mittwoch finden, und dass eine Frau damit zu tun habe. Er erwähnte auch den Buchstaben »T«, der eine Rolle spiele, und etwas »Großes«.

Captain teilte mir mit, es werde ein deutliches Zeichen geben, und erwähnte immer wieder den Buchstaben »C«. Mit diesen Hinweisen machte sich Frank mit neuer Hoffnung, dass Captain wieder in sein Leben zurückkehren würde, auf die Suche.

Ungefähr drei Monate später erhielt ich eine E-Mail von Frank, an die er ein Foto von einem kleinen Pitbullwelpen angehängt hatte. Frank wollte wissen, ob das sein »kleiner C« sei, wie er Captain früher genannt hatte.

Als ich das Foto anklickte, hörte ich Captain sagen: »Das bin ich!« Und ich spürte seine Aufregung am ganzen Körper. Ich sagte Frank: »Der kleine C ist da!«

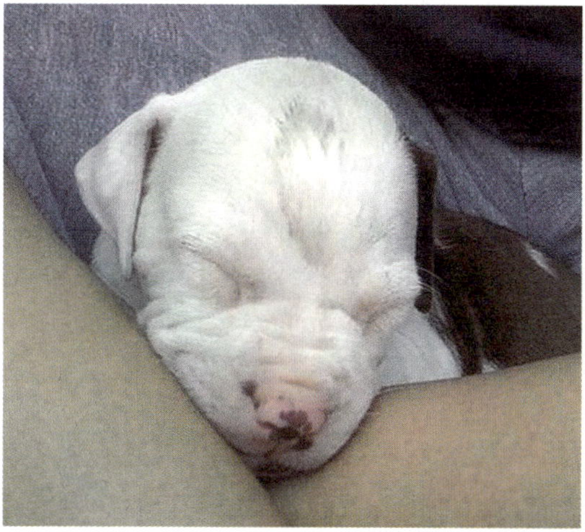

Der Welpe
(Cash) hatte den Buchstaben »C« auf der Stirn.

Alle Hinweise trafen ein

Wie Frank berichtete, trafen alle Hinweise ein, als er seinen neuen Welpen suchte. Er fand ihn an einem Mittwoch, eine Frau namens Tori verkaufte die Welpen, und auf der Stirn des Welpen war der Buchstabe »C« zu erkennen.

Zu Ehren von Captain nannte Frank den Welpen Cash. Als ich das Foto dieses winzigen Hundebabys sah, glaubte ich meinen Augen kaum. Auf seiner Stirn prangte tatsächlich der Buchstabe »C«. Wenn das kein eindeutiges Zeichen war!

Das einzige Detail, das damals nicht dazu passte, war der Hinweis von Captain auf etwas »Großes«. Es dauerte noch mehrere Jahre, bis diese Botschaft schließlich einen Sinn ergab. Beim letzten Mal, als Cash beim Tierarzt war, wog er über 60 Kilogramm. Das ist etwas Großes!

Während ich dieses Kapitel schrieb, fragte ich Frank, wie diese Erfahrung für ihn war. Er antwortete: »Es war verblüffend. Ich konnte es kaum glauben. Es gibt wirklich Wunder. Dank dir, Karen, glaube ich jetzt daran.«

Ich kann mir diese Feder nicht allein anstecken; schließlich war es Captain, der alles arrangiert hatte. Es war Teamwork und genau der richtige Zeitpunkt für die Wiedervereinigung der beiden. Das war ein faszinierender Fall, vor allem auch wegen dem Buchstaben »C« auf der Stirn des Welpen. Ich werde den Augenblick, an dem Frank und Captain sich wiedersahen, nie vergessen.

Heute ist Cash groß und stattlich!

Es gibt keine Regeln der Wiedergeburt

Es gibt viele verschiedene Meinungen und Ansichten über die Wiedergeburt. Manche ähneln meinen eigenen Erfahrungen mit den Tieren; andere Ansichten sind ganz schön durchgeknallt. Ich kann nur aus persönlicher Erfahrung sprechen und mit Ihnen teilen, was ich über die Jahre und von den Tieren selbst erfahren habe.

Erstens existiert kein Handbuch mit Checklisten und Bedingungen, unter denen Ihr Tier wiedergeboren wird oder nicht. Zumindest habe ich so ein Buch noch nicht gefunden.

Es gibt jedoch ein universales Gesetz, das die Seele eines jeden Tiers und seine zukünftigen Reinkarnationen festlegt. Jede Verkörperung hat eine einzigartige und wichtige Bedeutung, und die Seele eines Tiers kann einmal, ganz oft oder auch nie wiedergeboren werden.

Dieses universale Gesetz wird oft Seelen- oder Akashavertrag oder Buch des Lebens genannt. Diese Verträge sind nicht in Stein gemeißelt; stattdessen dienen sie als Anleitung oder Navigationshilfe, und die Vereinbarungen können sich je nach Situation auch ändern.

Wie ich gelernt habe, gehören wir alle einer Seelengruppe an, die aus Tieren, Menschen und Geistführern besteht. Innerhalb unserer Seelengruppe haben wir das Abkommen mit den anderen Seelen, einander zu helfen, damit wir in körperlicher Gestalt lernen und uns weiterentwickeln.

Dieses Abkommen oder diese Vereinbarung gilt auch für zukünftige Wiedergeburten. Vor unserem physischen Leben auf der Erde wählen wir die Themen aus, die wir lernen wollen, und die anderen Menschen und Tiere, die uns die idealen Gelegenheiten für das Erlernen dieser Lektionen bieten werden.

Diese Themen können zum Beispiel das Erlernen von Geduld oder Toleranz sein, wenn man ein Tier hat, das eine besondere Herausforderung ist. Andere Themen sind beispielsweise Mitgefühl, Vergebung und Mut. Jedes Haustier bringt neue Themen mit sich, und meist sind es die schwierigsten Haustiere, von denen wir am meisten lernen.

Unsere Vereinbarungen mit unseren Haustieren können sich situationsbedingt ändern. Wenn Sie und Ihr Tier – beispielsweise ein Pferd – vereinbart haben, noch eine Lebenszeit miteinander zu verbringen, dann kann die Seele des Tiers in der richtigen Situation wiedergeboren werden.

Wenn sich Ihre Lebenssituation jedoch ändert – wenn Sie zum Beispiel von einem Bauernhof in eine Wohnung umziehen, wird sich auch die Vereinbarung mit Ihrem Pferd ändern. Da Sie in einer

Wohnung kein Pferd halten können, entscheidet sich das Pferd vielleicht, als kleineres Haustier wiederzukommen – als Vogel, Katze oder kleiner Hund.

Reinkarnieren alle Tiere?

Nach meinen Erfahrungen reinkarnieren nicht alle Tiere. Manche Tiere sagen mir, sie hätten ihre Mission bei ihren Menschen abgeschlossen und keinen Grund, zurückzukehren. Andere Tiere sind aufgeregt und bereit, zurückzukommen, wenn der richtige Zeitpunkt gekommen ist.

Lieblingstiere

Haben Sie sich schon einmal gefragt, warum Sie um ein Tier mehr als um ein anderes getrauert haben? Zwar lieben wir sie alle, aber anscheinend gibt es ein Tier, das eindeutig etwas Besonderes ist. Wir bemühen uns, keine Lieblingstiere zu haben, doch manchmal können wir nicht leugnen, dass unser Band zu diesem einen Tier stärker ist als zu den anderen.

Der wesentliche Grund dafür sind die vielen früheren Leben, die Sie mit diesem Tier schon geteilt haben. Ihre Seelen sind schon Hunderte von Malen – wenn nicht mehr – zusammen gewesen. Da ist es nur verständlich, dass Sie beide auf der Seelenebene enger miteinander verbunden sind als mit einem Tier, mit dem Sie noch kein Leben geteilt haben.

Unsere Erfahrungen mit unseren Haustieren in früheren Leben sind kumulativ, und wir nehmen diese energetischen Erinnerungen ins nächste Leben mit. Deswegen wird das Tier, das bei Hunderten von Reinkarnationen an Ihrer Seite war, den stärksten Eindruck auf Sie machen.

Also keine Sorge, Sie haben keinen »Liebling«. Sie erleben nur die Freuden, die zahlreiche Wiedergeburten mit diesem Tier mit sich bringen.

Methoden der Reinkarnation

Es gibt viele Methoden der Reinkarnation von Tieren. In meinen Sessions bin ich vor allem auf drei Methoden gestoßen: Wiedergeburt, Walk-in-Methode und Übernahme von Seelenteilen. Vergessen Sie nicht, dass jedes Tier einzigartig ist. Die Umstände seiner Reinkarnation sind genauso individuell wie es selbst.

Die Wiedergeburt

Die häufigste Methode ist die Wiedergeburt. Sie umspannt ein ganzes Leben. Bei dieser Methode stirbt ein Haustier und verbringt einen längeren Zeitraum in der geistigen Welt. Es gibt keine zeitlichen Begrenzungen, aber ich habe ein gewisses Muster von circa drei bis fünf Jahren oder länger beobachtet.

Wenn sich die richtige Gelegenheit ergibt, sucht sich das Tier einen neuen Körper. In den meisten Fällen wird das Tier, das gestorben ist, bei der Empfängnis oder kurz darauf in den neuen Körper schlüpfen.

Ich hatte auch schon Fälle, in denen mir das verstorbene Tier sagte, dass es ungefähr zu dem Zeitpunkt, an dem das Neugeborene die Augen öffnete, in seinen Körper schlüpfte. Wenn Sie sich mit Neugeborenen auskennen, wissen Sie, dass sie für einen gewissen Zeitraum noch kaum eigene Persönlichkeit zeigen. Sie essen und schlafen und verhalten sich alle gleich. Dann kommen plötzlich ihre einzigartigen Persönlichkeitsmerkmale zum Vorschein, und manche Tiere verrieten mir, dass dieses der Zeit entspricht, in der sie in ihre Seele eingehen.

Tiere, die auf diese Weise wiedergeboren werden, leben meist eine normale Lebenszeit, da sie viel Zeit hatten, sich in der geistigen Welt auszuruhen und Energie zu tanken.

Vergessen Sie nicht, dass die reinkarnierte Seele kein Klon Ihres früheren Haustiers sein wird! Eine Essenz des alten und des neuen Haustiers bildet sich. Meistens wartet das verstorbene Tier mit der Wiedergeburt, bis sein Mensch die Trauer verarbeitet hat und heilt.

Walk-ins

Die Übernahme eines Körpers findet statt, wenn ein Tier stirbt und sofort zurückkehrt und in einen neuen Körper schlüpft. Es verbringt nur eine kurze Zeit in der geistigen Welt. Das Leben eines Tiers, das durch eine Übernahme zurückgekehrt ist, kann kürzer, aber dennoch sehr wichtig sein. Indem das Tier nach seinem physischen Tod Zeit in der geistigen Welt verbringt, erholt es sich und badet in reiner energetischer Liebe. Je mehr Zeit es in diesem liebevollen Raum der Erneuerung verbringt, desto länger wird sein neues Leben sein.

Sadie kehrt zurück

Nachdem Cindy ihre Katze Sadie verloren hatte, nahm sie Verbindung zu mir auf, um herauszufinden, ob Sadie reinkarnieren würde. Die verstorbene Katze sagte mir, sie plane, sehr schnell zurückzukommen, und beschrieb ihr neues Äußeres und den Ort, an dem Sadie sie finden würde.

Kurz darauf berichtete Cindy, dass sie wieder mit Sadie II zusammen sei, und schickte mir mehrere entzückende Bilder von ihrem neuen Kätzchen. Sie war überglücklich, ihr süßes Mädchen wiederzuhaben. Leider fing sich Sadie II nach kurzer Zeit einen tödlichen Virus ein und starb in Cindys Armen.

Die erste Sadie

Wir hielten mit Sadie II eine Session ab, um ungefähr zwei Monate nach ihrem Übergang herauszufinden, wie es ihr ging. In der Sitzung sandte sie mir viele liebevolle Botschaften. Eine davon schockte Cindy regelrecht.

Wie Sadie II sagte, machte sie sich Sorgen um Cindy, weil sie so viel rauchte, und fragte, ob Cindy die Ballons gefallen hatten, die sie ihr geschickt hatte. Cindy schrak zusammen und erzählte mir, dass am Tag zuvor Geburtstag gewesen sei und sie Sadie ganz besonders vermisst habe. Bei der Arbeit war sie für eine Zigarettenpause vor die Tür getreten. Da hatte sie etwas wahrgenommen, was sich auf der anderen Seite des Fußwegs bewegt hatte, und hatte mehrere Luftballons entdeckt, die in der Hecke festhingen. Sadie II meldete, dass sie die Ballons geschickt hatte, damit ihre Katzenmama wusste, dass sie sie liebhatte und an ihrem Geburtstag an sie dachte.

Auch wenn Sadie II nur kurze Zeit lebte, schafften es beide Katzen, in einer sehr schwierigen Lebensphase Cindy zur Seite zu stehen. Da Cindy nun wusste, dass sie immer noch mit ihr verbunden waren, konnte sie diese traumatische Zeit leichter überwinden und Heilung finden.

Das Seelenteilen

Eine andere Art der Reinkarnation ist, wenn ein Tier als reiferer Geist zurückkehrt und sich die Seele eines lebenden Tiers mit ihm teilt. Ein solches Leben ist meist kürzer als die normale Lebenszeit, da das Seelenteilen den physischen Körper doppelt so schnell verbrauchen kann.

John nahm ein paar Monate nach dem Tod seiner Rottweiler-Hündin Luna Kontakt zu mir auf. Er berichtete, ein Streuner sei an seiner Arbeitsstätte aufgetaucht und er spüre eine seltsame Verbindung zu dem Hund.

John berichtete, dass es sich so anfühlte, als würden sie sich schon ewig kennen. Der Streuner, den er Bronco nannte, teilte viele von Lunas Gewohnheiten. Es war, als hätte er einen Hund mit multiplen Persönlichkeiten vor sich, und er wollte von mir wissen, ob er verrückt sei oder sich das Ganze nur einbilde.

Ich nahm Verbindung zu Luna auf, die mir bestätigte, dass sie als geteilte Seele zu John zurückgekommen war. Sie beschrieb Broncos Äußeres und sagte, sie wolle in dieser schweren Zeit für ihren Menschen da sein.

Ich teilte John diese Botschaften mit, und er bestätigte, dass er gerade eine Scheidung hinter sich hatte und das Sorgerecht über seine Kinder verloren hatte. Er war einsam und deprimiert, und Luna erkannte die Gelegenheit, als geteilte Seele zusammen mit dem Straßenhund zu ihm zurückzukehren und mehr Zeit mit ihm zu verbringen.

John war erleichtert, als er hörte, dass er sich nichts einbildete, und er freute sich sehr, dass Luna zurückgekommen war. Sie hatten noch zwei gemeinsame Jahre, bevor bei Bronco ein aggressiver Krebstumor diagnostiziert wurde. Zwar starb er nur wenige Monate nach der Diagnose, doch er hatte John über eine sehr einsame Phase hinweghelfen können.

Geläufige Irrtümer über Reinkarnation

Hier sind einige Irrtümer über Reinkarnation:

- **Ein Tier kann nur bei der Geburt oder als neugeborenes Tier reinkarnieren.** Falsch. Wie schon beschrieben, gibt es mehrere Möglichkeiten, wie beispielsweise Walk-in, das Seelenteilen und die Wiedergeburt, um nur ein paar Beispiele zu geben.

- **Wenn man sich genug darum bemüht, kann man sein Tier dazu bringen, zu reinkarnieren.** Falsch. Allein die vorherbestimmte Vereinbarung entscheidet, ob das Tier zurückkehren wird. Weder Gebete noch Wünsche oder Hoffnungen bringen ein Tier zurück, wenn es nicht sein soll.

- **Ein Hund kann nur als Hund reinkarnieren, und eine Katze kann nur als Katze zurückkommen.** Falsch. Wenn es im höchsten und besten Interesse der Seele ist, kann sie auch in Gestalt einer anderen Tierart zurückkehren. Meistens kommen Tiere jedoch in ihrer früheren Gestalt zurück.

- **Ein Haustier muss genauso aussehen, wie es im vorherigen Leben aussah.** Falsch. Das Tier zeigt mir, wie sein neuer Körper aussehen wird, wenn er schon ausgewählt wurde. Dann sehe ich die Größe, Form und Farbe(n) seines neuen Körpers.

- **Ein Tier kann nicht als Mensch wiederkommen und umgekehrt.** Falsch. Ich hatte schon Fälle, in denen ein Tier als Mensch zurückgekehrt ist. Zwar unterscheidet sich die Schwingung der menschlichen Seele stark von der eines Tiers, aber es ist möglich.

- **Das Geschlecht des Haustiers muss dasselbe sein wie das des früheren Tiers.** Falsch. Ich habe schon Tiere gesehen, die in männlicher oder weiblicher Form zurückkehrten. Es scheint für die Tiere keinen so großen Unterschied zu machen wie für uns Menschen.

- **Ihr Tier wird mit jemand anderem weiterleben, wenn Sie es nach seiner Reinkarnation finden.** Falsch. Ihr Tier ist dazu bestimmt, mit Ihnen – und *nur* mit Ihnen – zusammen zu sein.

- **Wenn ein Tier reinkarniert, wird es ein genauer Klon des verstorbenen Tiers sein.** Falsch. Reinkarnation ist nicht dasselbe wie Klonen, und die Seele Ihres verstorbenen Tiers wird sich mit der neuen Seele vermischen.

- **Wenn ein Tier nicht reinkarniert, bedeutet das, dass es uns nicht liebt oder wir schlechte Halter waren.** Falsch. Dann sollte es nicht sein. Es spiegelt nicht die Liebe oder den guten Umgang mit ihm. Wenn es vor diesem Leben vorherbestimmt war, wird es geschehen.

- **Ein Tier kann nur ein einziges Mal in unserem Leben reinkarnieren.** Falsch. Ich habe schon zahlreiche Reinkarnationen eines Tiers erlebt. Vergessen Sie dabei jedoch nicht, dass spätere Lebenszeiten dann kürzer als normal sind.

Wie Sie Ihr Tier ermuntern können, zu Ihnen zurückzukommen

Es gibt ein paar Dinge, die Sie tun können, um die Reinkarnation Ihres Haustiers zu fördern. Wie gesagt, wenn es nicht sein soll, wird es nicht geschehen, aber Sie können Ihr verstorbenes Tier ermuntern, wieder in Ihr Leben zu kommen, wenn es in seinem höchsten und besten Interesse ist. Sagen Sie ihm, dass es in Ihrem Leben herzlich willkommen ist, wenn die Zeit für Sie beide auf der spirituellen Ebene reif dafür ist. Sie können dies in Form eines Gebets tun, es still denken oder laut aussprechen, so als wäre das Tier im selben Zimmer wie Sie.

Man wird demütig, wenn man erkennt, dass Tiere nicht nur wegen unserer Bedürfnisse reinkarnieren. Die Vereinbarungen vor unserer Geburt und die universalen Gesetze bestimmen, welche Seelen für die Reinkarnation auserwählt wurden.

Wenn Tiere lieber im Jenseits bleiben wollen

Verstorbene Tiere sagen mir oft, dass sie uns leichter von der anderen Seite aus helfen können als hier in physischer Gestalt. Eine ihrer größten Freuden ist, uns zu lieben, über uns zu wachen und uns zu helfen, unser Leben voll auszuschöpfen.

Der wichtigste Punkt, an den man bei Reinkarnation denken muss, ist, dass Tiere eher dann zu uns zurückkehren, wenn wir die Trauer überwunden und den Heilungsprozess abgeschlossen haben.

Eine der wichtigsten Erfahrungen, die wir mit unseren Haustieren machen, wächst aus der Trauer und dem Schmerz des Abschieds. Bevor wir das gelernt haben, werden unsere Tiere kaum in unser Leben zurückkommen. Nehmen Sie sich also die Zeit, die Trauer zu verarbeiten, achten Sie auf Ihre Gefühle und denken Sie mit Freude an die Zeit, die Sie mit Ihrem Tier verbringen durften.

Kapitel 30
Eine letzte Geschichte

Wenn du die, die dir nahestanden, im Jenseits wiedersiehst, wird es eine noch liebevollere Begegnung, als es auf Erden war.
– Das zweite Leben des Billy Fingers, eine wahre Geschichte
- Annie Kagan

Nun, da wir am Ende angelangt sind, möchte ich Ihnen zum Abschied noch eine letzte Geschichte erzählen, die meiner Meinung nach perfekt zeigt, wie sehr unsere Tiere uns lieben. Es ist eine ewige, nie endende Liebe, die weder Hürden noch Grenzen kennt.

Unsere Haustiere lieben uns bedingungslos, wenn sie hier auf Erden sind, und bleiben auch nach ihrem Übergang immer ein Teil unseres Lebens. Sie sehnen sich danach, dass wir uns mit einem Lächeln im Gesicht an sie erinnern und glücklich an die Zeit erinnern, die wir mit ihnen geteilt haben, statt uns auf das traurige Ende zu konzentrieren. Sie halten ständig Wache über uns – bis zu jenem Tag, an dem wir wieder zusammen sein werden.

Genau in dem Augenblick, in dem wir die Erde hinter uns lassen, werden unsere geliebten Tiere schon auf unsere Rückkehr nach Hause warten – auf die Rückkehr an jenen Ort, von dem wir vor diesem Leben gekommen sind.

Der Terriermischling Guru

Eines Nachmittags bereitete ich mich gerade auf eine Session mit Dennis, einem Feuerwehrmann im Ruhestand, und seinem verstorbenen Terriermischling Guru vor. Noch bevor Dennis mich anrief, empfing ich klar und deutlich Gurus Energie. Auch schwebte um den kleinen Hund eine sehr zögerliche weibliche Energie.

»Meinem Herrchen geht es nicht gut«, vertraute mir der kleine schwarz-weiße Hund an. »Ich werde ihm helfen. Ihm tut das Herz weh.«

Damals ging ich davon aus, dass er meinte, seinem Herrchen würde das Herz wehtun, weil Guru erst vor kurzem gestorben war. Daher überraschte mich seine Aussage nicht weiter. Wie Haustiere mir häufig berichten, können sie die Trauer ihres Menschen spüren, wenn sie sterben; daher dachte ich, Guru würde das meinen.

Ich beendete meine Meditation und wartete auf Dennis' Anruf zum Termin. Wir begannen die Session, und Guru sendete noch viele weitere detaillierte Botschaften, darunter auch, dass er sich Sorgen machte, weil Dennis vor kurzem gestürzt war. Guru beschrieb einen komplizierten Splitterbruch, den Dennis erlitten hatte.

Dennis staunte nicht schlecht. »Wie kann er das nur wissen?«, fragte er. »Ich habe mir vor einem Monat das Bein an zwei Stellen gebrochen. Guru ist schon vor drei Monaten von mir gegangen. Unglaublich, dass er darüber Bescheid weiß!«

Ich erklärte Dennis, dass Gurus Energie ihn einhüllt und sehen kann, was in seinem Leben passiert.

»Das Band zwischen Guru und Ihnen ist sehr stark«, sagte ich. »Es überrascht mich nicht, dass er über Ihnen wacht.«

Was dann geschah, machte ihn sprachlos.

»Eine ältere menschliche Energie kommt zusammen mit Guru durch; sie fühlt sich an wie die Energie einer Mutter oder Großmutter. Ich höre einen Namen, der mit ›L‹ beginnt, so wie Laura oder Linda«, sagte ich.

Dennis holte tief Luft und schwieg. »Diese weibliche Energie hält Guru auf dem Arm.«

Dennis war noch nicht bereit zu vergeben

»Sind Sie offen dafür, diese Person anzuhören? Sie scheint Ihre Mutter oder Großmutter zu sein«, fragte ich und spürte, dass irgendetwas zwischen ihnen stand.

Zögernd antwortete Dennis: »Ja, warum nicht?«

Er beschrieb die schwierige Beziehung zu seiner Mutter Lorinda. Sie hatte sich geweigert, ihn in den letzten Momenten ihres Lebens noch einmal zu sehen, da sie seit vielen Jahren keinen Kontakt mehr hatten.

»Sie konnte Hunde nicht leiden«, erklärte er. »Meine Mutter erlaubte auch keinen Hund, als ich noch ein Kind war. Seltsam, dass sie jetzt zusammen sind.«

Dennis erklärte, dass es seiner Mutter schwergefallen war, ihm Liebe zu geben. Er sagte, sie sei Alkoholikerin und abhängig von Schmerzmitteln gewesen, und er habe sich nie von ihr geliebt gefühlt.

»Sie wollte kein Geld auf ein Haustier verschwenden. Ich bin ziemlich sicher, nur damit sie noch mehr Schnaps kaufen konnte«, sagte er.

Ich erklärte ihm, dass seine Mutter und Guru nun in seiner Seelengruppe in der geistigen Welt zusammen waren, weil beide ihn liebhatten.

»Meine Mutter hat mich nicht geliebt«, sagte er verbittert. »Ich war für sie eine Last, eine Bürde. Ich glaube, das Einzige, was sie liebte, war, sich zu betrinken.«

Dennis war nicht auf das vorbereitet, was ich ihm als Nächstes eröffnete.

»Ich soll Ihnen von ihr ausrichten, dass sie Guru sehr gern hat. Sie sagt, der Hund hilft ihr zu lernen, wie man liebt. Er hilft ihr zu erkennen, dass sie im Leben ein paar schwere Fehler gemacht hat.«

Lorinda war zwar noch nicht so weit, ihre Liebe zu ihrem Sohn aussprechen zu können, doch es war wenigstens ein Schritt in die richtige Richtung, da sie an der Session teilnahm und ihre Gefühle zu seinem Hund offenbarte.

Manche Menschen können sich ändern und die Dinge aus einer anderen Perspektive sehen, wenn sie ins Jenseits übergehen. Dennis' Mutter war keine Ausnahme. Sie war dabei zu lernen, wie sie ihr Herz öffnen und ihre Liebe zu ihrem Sohn zeigen könnte – alles dank Guru.

Der Beginn einer Verwandlung

Dennis machte weitere Termine bei mir, und jedes Mal erschien die Energie seiner Mutter. Ich merkte, wie sich Dennis' Einstellung in unseren Gesprächen allmählich änderte. Er lachte mehr, erzählte von seinen glücklichen Erinnerungen mit Guru und schien wirklich daran interessiert zu sein, von seiner Mutter zu hören.

Er wurde ein Stammklient, und ungefähr einmal im Monat hatten wir Kontakt. Dann erzählte er mir, was in seinem Leben gerade aktuell war.

Als Dennis einen Termin versäumte, wusste ich sofort, dass etwas nicht stimmte. Ich schickte ihm mehrere E-Mails, aber er antwortete nicht. Ich hoffte, er sei nur gerade sehr mit anderen Dingen beschäftigt.

Doch ungefähr zwei Monate später lag überraschend eine Karte in meinem Briefkasten. Sie war von seiner Schwester Kristen.

»Liebe Karen,

Ich schreibe Ihnen, um Ihnen mitzuteilen, dass mein Bruder Dennis letzten Monat sanft eingeschlafen ist. Vermutlich hat er Ihnen nie erzählt, dass er schwer herzkrank war; durch seine Krankheit wurde das Bindegewebe um das Herz herum geschwächt. Er kämpfte seit Jahren mit dieser Krankheit. Wir waren sicher, ihn zu verlieren, als sein geliebter Hund Guru vor zwei Jahren starb. Überraschenderweise stabilisierte sich Dennis' Zustand nach der ersten Session mit Ihnen.

Bevor er Sie, Karen, gefunden hatte, war Dennis sehr depressiv. Nach Gurus Tod sackte er immer mehr in Verzweiflung ab. All das änderte sich dank Ihnen, und das ist der Grund für meine Karte. Dennis freute sich immer so sehr auf die Sessions mit Ihnen, und es war sehr tröstlich für ihn, von Guru zu hören. Ein absoluter Bonus war, als Sie die Verbindung zu unserer Mutter herstellen konnten, von der wir uns entfremdet hatten. Er konnte ihr nun endlich verzeihen.

Ich muss zugeben, ich glaube nicht an Hellseher, und als er mir von seinen Sitzungen mit Ihnen erzählte, hielt ich das Ganze für Hokuspokus. Doch jetzt glaube ich daran, und seit ich die Verwandlung meines Bruders miterlebt habe, möchte ich Ihnen sagen, was für ein großer Segen Sie für ihn – und uns alle – waren.

Er freute sich immer auf die Sitzungen, und ich glaube, sie gaben ihm neuen Lebensmut, nachdem er schon dabei gewesen war, aufzugeben.

Ich möchte Sie fragen, ob ich eine Sitzung mit Ihnen haben könnte, um Verbindung zu meinem Bruder aufzunehmen – und zu wem immer sonst noch.

Vielen Dank für Ihre unglaubliche Gabe und dafür, dass Sie mir noch zwei schöne Jahre mit meinem Bruder geschenkt haben.«

Die Ironie der Geschichte war, dass Guru mir in unserer allerersten Session gesagt hatte, dass seinem Herrchen das Herz wehtat. Damals ging ich davon aus, dass er damit emotionalen Schmerz meinte. Doch wie ich heute weiß, meinte er Dennis' krankes Herz und seinen emotionalen Schmerz.

Jetzt freue ich mich auf die Sessions mit Kristen. Guru und die Mutter von Dennis empfingen Dennis bei seinem Übergang. Es wärmt mir das Herz, zu wissen, dass Dennis und sein geliebter Hund wieder vereint sind.

Dieses Gedicht schrieb ich nach der ersten Session mit Dennis. Ich gab es ihm nie persönlich, aber ich las es ihm nach seinem Übergang vor. Er strahlte und gab mir das Zeichen für »Daumen hoch«.

Lieber Mensch,
heute ist es wieder passiert.
Ich habe mich an dich gekuschelt
und dich liebevoll im Schlaf bewacht. Ich will nirgendwo sonst sein, nur bei dir.
Ich habe dich ein paar Mal sanft gestupst, aber du hast dich kaum im Schlaf gerührt.
Als du aufgewacht bist, bin ich freudig um dich herumgelaufen und habe dich mit den Augen angelächelt

und dir dabei zugesehen, wie du deine Sachen geholt hast und zur Arbeit gegangen bist.
Du warst in meine liebevolle Energie eingehüllt, während du auf der Autobahn fuhrst, und mein Kopf ruhte zärtlich auf deinem Arm.
Einen Augenblick lang dachtest du an mich, und ich konnte spüren, wie dir das Herz schwer wurde.
Und wieder habe ich versucht, dir zu zeigen, dass ich da war, an deiner Seite,
doch du hast die Gedanken an mich verdrängt, weil der Schmerz zu tief war.
Ich wünschte, du wüsstest, dass auch ich traurig bin, wenn du es bist.
Wenn du glücklich bist, bin ich es auch.
Den ganzen Tag über habe ich Wache gehalten
und geduldig darauf gewartet, dass du dich an mich erinnerst – und an die vielen guten Zeiten, die wir miteinander hatten.
Stattdessen sah ich hilflos zu, während du mit Tränen in den Augen von schlechtem Gewissen und Reuegefühlen geplagt wurdest.
Du musst wissen, dass ich dich niemals verurteilen werde, weil du mir den Abschied leichter gemacht hast, als mein Körper versagte.
In meinen Gedanken hast du mir damit das letzte Liebesgeschenk gemacht.
Ich lebe im Geiste weiter und es geht mir gut; ich sehne mich nur nach einem Moment deiner Zeit, in dem du voller Liebe und Freude an mich denkst
und unser gemeinsames Leben in Ehren hältst.
Morgen und übermorgen und überübermorgen werde ich es erneut versuchen.
Vergiss nicht, mein lieber Mensch: Unsere Seelen sind für alle Ewigkeit miteinander verbunden, denn das Band der Liebe stirbt niemals.

– Karen Anderson

Unsere Tiere wollen nirgendwo sonst sein – nur bei uns

Wie in der ersten Geschichte von Bandit und Choo Choo bleiben unsere verstorbenen Haustiere weiterhin mit uns verbunden und sind immer nur einen Gedanken entfernt. Sie freuen sich, wenn wir glücklich sind, und halten in unseren finstersten Momenten Wache über uns. Es ist egal, wie viele Jahre schon vergangen sind, denn in der geistigen Welt existiert Zeit nicht. Ihre Liebe zu uns währt ewig, und sie warten geduldig auf den Augenblick, an dem wir im Jenseits wiedervereint werden. Stellen Sie sich vor, dass Ihre Tiere sich an Sie kuscheln, während Sie an sie denken – denn sie wollen nirgendwo sonst lieber sein.

Nachwort

Wir haben uns seit der ersten Geschichte viele Themen angesehen, und ich hoffe, Ihnen neue und faszinierende Informationen über Tiere in der geistigen Welt nahegebracht zu haben, über die es sich lohnt nachzudenken.

Hoffentlich verstehen Sie nun besser, was geschieht, nachdem Ihr Tier übergegangen ist und seinen Körper zurückgelassen hat. Ihre Tiere sind in der geistigen Welt glücklich, gesund und ganz, und sie lieben Sie mehr denn je zuvor. Sie sind hier, um Ihnen behilflich zu sein, zu lernen, zu lieben und sich als das spirituelle Wesen, das Sie in diesem Leben sind, weiterzuentwickeln. Ihre Tiere sind nur einen Gedanken entfernt und senden Ihnen oft Zeichen, dass sie in der Nähe sind.

Ihre detaillierten Botschaften liefern eindeutige Beweise dafür, dass es tatsächlich ein Leben nach dem Tod gibt, in dem sie in geistiger Form weiterleben.

Ihre ewige Verbundenheit zu Ihren Tieren hält dem körperlichen Tod stand, und sie wachen weiterhin über Sie und schauen Ihnen vom anderen Ende der Regenbogenbrücke aus zu. Die Tiere wollen nicht, dass Sie länger als nötig um sie trauern, und sie wollen nichts sehnlicher, als zu sehen, dass Sie glücklich sind und Ihr Leben voll ausschöpfen.

Nutzen Sie Ihre Gabe

Um das Beste aus Ihrem Leben zu machen und Ihre Begabungen zu nutzen, müssen Sie die ersten Schritte in unbekanntes Terrain wagen. Der Weg mag anfangs ein bisschen holprig sein, doch der Lohn ist ein paar Schlaglöcher wert. Als ich meine sensitive Gabe nutzte und mit Tierkommunikation begann, lief auch nicht immer alles glatt. Ich musste unzählige verbale Angriffe und gehässige Kommentare von unwissenden Zynikern ertragen. Es wäre weitaus leichter gewesen, mir einen gewöhnlichen Job zu suchen und meine Gabe zu vergessen. Sogar ein paar meiner Familienmitglieder zogen die Augenbrauen hoch und hielten mich für verrückt, weil ich meine Arbeit als Tierkommunikatorin nicht aufgab. Im Angesicht von Zweifeln und Widrigkeiten blieb ich mir treu, und das war der Schlüssel zum Erfolg.

Ich hoffe, während Sie über die Geschichten in diesem Buch nachdenken, werden sie Sie inspirieren, Ihre eigene Begabung zu erkennen und Ihre göttlichen Gaben zu nutzen. Lassen Sie nicht zu, dass irgendwer versucht, Sie zu ändern oder von Ihrem spirituellen Weg abzubringen. Wenn Sie mitten in der Wahrheit ruhen, werden sich um Sie herum Türen auftun. Wenn Sie Ihre Gabe ehren und Ihre Träume umsetzen, werden Sie die tiefste Ebene der Freude erleben, die ein Gewinn für all Ihre Tiere hier und auf der anderen Seite ist.

Ich freue mich über Ihre Kommentare und Ihr Feedback. Schicken Sie mir gerne eine Nachricht, wenn Ihnen danach ist.

Vielen Dank dafür, dass Sie mich auf dieser unglaublichen Reise in das erstaunliche Leben nach dem Tod unserer Tiere begleitet haben. Gottes Segen und Frieden Ihnen und all Ihren geliebten Tieren.

Über die Autorin

Die international renommierte Tierkommunikatorin Karen Anderson publizierte mehrere Bücher und gewann etliche Buchpreise in den USA, so auch 2018 den International Book Awards Animals/Pets.

Karen Anderson

Wie Sie mit Karen Anderson Kontakt aufnehmen können

Besuchen Sie Karen Andersons Webseite, Blog oder Facebook-Seite, wenn Sie Kurse oder Events besuchen oder einen Termin für eine Session vereinbaren möchten:

www.KarenAnderson.net

Ein weiteres Buch von Karen Anderson:

Hear All Creatures!
The Journey of an Animal Communicator

Ingrid Rose Fröhling

Leben und Sterben aus Sicht unserer Tiere

Berührende Einblicke in die Gefühls- und Gedankenwelt der Tiere. Das Buch ist ein unersetzlicher Trostspender und Ratgeber, insbesondere wenn das geliebte Tier in die Jahre gekommen ist.

176 Seiten, mit Fotos.............€ 18,50

ISBN-13: 978-3-946959-75-5

Marta Williams

Ohne Worte

Mit Tieren und Natur sprechen

Ohne Worte zeigt, wie wir die Sprache des Lebens – der Tiere, der Pflanzen, des Windes – wieder verstehen und sprechen lernen und die Begrenzungen unserer fünf Sinne überwinden.

200 Seiten................€ 18,50

ISBN 978-3-926388-80-3

Mike Lingenfelter & David Frey

Der Engel an meiner Seite

Die wahre Geschichte eines Rettungshundes, der sein Herrchen vor Herzinfarkten warnt und dadurch sein Leben rettet.

200 Seiten.....................€ 18,50

ISBN 978-3-926388-95-7